W0282370

Max & Luzie
bei den alten Völkern

Mit Comiczeichnungen
von Franz Gerg

BILDNACHWEIS

www.fotolia.de: MasterLu 82 u.; sborisov 83 m. l.

www.shutterstock.com: V. J. Matthew 62 u. l.; nito 83 o. r.; agap 122 m. l.; Dolnikov 123 o. l.; Rafael Martin-Gaitero 123 u. r.

Sonstige: Urheber: MykReeve, Lizenz: cc-by-sa 22 m. l.; Urheber: Einsamer Schütze, Lizenz: cc-by-sa 22 o. r.; Urheber: Jon Bodsworth, Lizenz: cc-by-sa 23 r. o.; Urheber: Przemyslaw „Blueshade" Idzkiewicz, Lizenz: cc-by-sa 23 u.; Urheber: Mbzt 2011, Lizenz: cc-by-sa 42 m.; Urheber: Clemensfranz, Lizenz: cc-by-sa 102 u. l.; Urheber: Axel Hindemith, Lizenz: cc-by-sa 102 o. r.; Urheber: Jan Zatko, Lizenz: cc-by-sa 142 o. r.; Urheber: Wolfgang Sauberfartffffffffffffffffffffffffffffffffr_versions=, Lizenz: cc-by-sa 142 u.

IMPRESSUM

compact via ist ein Imprint der Compact Verlag GmbH

© Compact Verlag GmbH
Baierbrunner Straße 27, 81379 München
Ausgabe 2013

Alle Rechte vorbehalten. Nachdruck, auch auszugsweise,
nur mit ausdrücklicher Genehmigung des Verlages gestattet.

Illustration Comics: Franz Gerg
Texte Comics: Monika Sattrasai, Marie Ranke, Wolfgang J. Fuchs, Reinholf Zellner
Infotexte: Christa Pöppelmann
Chefredaktion: Dr. Matthias Feldbaum
Redaktion: Felicitas Szameit, Elena Bruns, Susann Harring
Produktion: Johannes Buchmann
Abbildungen: siehe Bildnachweis oben
Titelabbildungen: Franz Gerg (Comic); www.fotolia.de: Dudarev Mikhail
(Pyramiden Hintergrund)
Gestaltung: ekh Werbeagentur GbR
Umschlaggestaltung: ekh Werbeagentur GbR

ISBN 978-3-8174-9249-7
381749249/1

www.compactverlag.de

VORWORT

Die Abenteuer deines Lebens warten auf dich!

Lass dich von den erfahrenen Abenteurern Max, Luzie und Kieks in die atemberaubenden Gefahren der Weltgeschichte entführen!

Hilf mit beim Bau einer Pyramide in Ägypten und erlebe eine rettende Sonnenfinsternis in Babylon. Verfolge eine echte Tragödie in Griechenland und geh auf Verbrecherjagd im alten Rom. Hilf den Germanen beim Kampf gegen die Römer und nach der Entdeckung des legendären Inkagoldes wirst du auch noch zur Rettung des Aztekenreichs gebraucht.

Nach jedem überstandenen Abenteuer erwarten dich bunte Infoseiten mit Hintergrundwissen zu Kultur und Politik jedes alten Volkes, zu Mumien, Pyramiden, Olympischen Spielen und, und, und. Am Ende des Buches kannst du in einem spannenden Quiz testen, was du alles auf deiner Zeitreise mit Max und Luzie gelernt hast.

Also, Füße auf die Pedale – und los geht's!

INHALT

Max & Luzie

Bei den alten Ägyptern

So fing die Geschichte an ...
KIEKS, SEINES ZEICHENS ERFINDER ...
LÄDT SEINE FREUNDE MAX UND LUZIE EIN, ...
STARK!
SEINE NEUESTE KONSTRUKTION ZU TESTEN: EIN LUFTFAHRRAD NACH TANDEM-ART MIT EINGEBAUTEM GEHEIMNIS.
SCHNELLER TRETEN, SONST KOMMEN WIR NICHT WEIT GENUG ZURÜCK!
???
!
ERST IN DER LUFT VERRÄT KIEKS, WAS ER VORHAT:
DAS DING HAT EINE ZEIT-SUPER-AUTOMATIK! JEDER TRITT IN DIE PEDALE FÜHRT DIE PASSAGIERE WEIT IN DIE VERGANGENHEIT ZURÜCK!
MAX UND LUZIE SIND BEGEISTERT ...
HURRA!
AUF IN DIE WELTGESCHICHTE!
MAL SEHEN, WO WIR LANDEN ...

ICH KANN NICHT MEHR!
WIE VIELE JAHRE HABEN WIR GESCHAFFT, KIEKS?
ÄCHZ... GUTE FRAGE, LUZIE! WARTET MAL, ICH KALKULIERE ...
ZWO - FÜNF - DREI ... ... UND VIERE... ...
KRAWUMM
BRAVO!
KEINE AUTOGRAMME, BITTE.
EIN NIL-, EIN NIL- EIN NIHILPFERD!
WO WAR ICH STEHEN-GEBLIEBEN? ACH JA! IM JAHR 2500 VOR CHRISTUS! DANN SIND WIR IN ÄGYPTEN! BEI DEN ALTEN ÄGYPTERN, WETTEN?!

SCHNELLER RUDERN, LUZIE! NICHTS WIE WEG!
HILFE! BEEILT EUCH!
HAB' ICH'S DOCH GEWUSST! BEI DEN ALTEN ÄGYPTERN! DASS IHR EUCH JA GUT BENEHMT! DIE ÄGYPTER SIND EIN VOLK MIT KULTUR ...
MÖCHTE WETTEN, DASS DIE GERADE EINE PYRAMIDE BAUEN.
NUN LASS DICH DOCH SCHON HOCHZIEHEN, KIEKS! IM AUGENBLICK GIBT'S WIRKLICH WAS WICH-TIGERES ALS PIRAMYDEN.
FG

PY-RA-MI-DEN HEISST DAS, MAX! NICHT PIRAMYDEN.
DANKE FÜR DIE RETTUNG.
RUDERT, SKLAVEN, RUUUUDERT! NACH MEINEM PLAN MÜSSEN DIESE STEINE HEUTE NOCH IN GISEH SEIN!
WOZU BRAUCHEN SIE DIESE RIESENSTEINE?
FÜR DIE PYRAMIDE DES PHARAO WERDEN DIE STEINE GEBRAUCHT.
NIE WURDE EINE SO GROSSE PYRAMIDE GEBAUT, WIE DIE FÜR CHEOPS, DEN MÄCHTIGSTEN ALLER PHARAONEN. SCHON SEIT ZWANZIG JAHREN SCHLEPPE ICH DAFÜR STEINE AN. STEINE, STEINE UND NOCHMAL STEINE!
ABER JETZT IST SCHLUSS DAMIT! DIE PYRAMIDE DES GROSSEN CHEOPS WIRD BALD VOLLENDET SEIN.
DEN BAU SCHAU ICH MIR GLEICH VON INNEN AN!
BESSER NICHT, MAX! DU KÖNNTEST DICH IN DEN GEHEIMGÄNGEN DER GROSSEN PYRAMIDE LEICHT VERIRREN... MÖCHTE DICH NICHT IRGENDWANN ALS MUMIE AUSGRABEN.
FG

PYRAMIDAL! ÄH, RIESIG, DIE PYRAMIDE!
WAS HEISST HIER RIESIG? NICHTS KANN GROSS GENUG SEIN FÜR EINEN, DER DEN GÖTTERN NÄHER IST ALS WIR. DIE PYRAMIDE IST SCHLIESSLICH EIN ZEICHEN FÜR DIE UNSTERBLICHKEIT DES GROSSEN CHEOPS!
SCHÖNE TAGE IN GISEH! UND MÖGEN DIE GÖTTER MIT EUCH SEIN!
DANKE GLEICHFALLS!
MEINE EMPFEHLUNG AN DEN PHARAO!
PFFFFFFF
HALB ÄGYPTEN IST HIER AUF DEN BEINEN!
AN DIE HUNDERTTAUSEND MANN ARBEITEN AN DEM PRACHTBAU.
FG

KRÄNE GIBT'S NOCH NICHT. MIT ROLLEN, EINFACHEN HEBEBÄUMEN UND FLASCHENZÜGEN MÜSSEN DIE SICH ABRACKERN!
DER SIEHT UNGEMÜTLICH AUS! KOMMT, WIR VERKRÜMELN UNS BESSER!
WAS NUN?
WIR MÜSSEN UNSEREN ZEITFLITZER WIEDER FLOTTMACHEN.
LOGO! ABER WIE PUMPEN WIR DAS DING AUF OHNE PUMPE?
DIE HABE ICH SICHERHEITSHALBER MITGEBRACHT.
FG

WAS HAT LUZIE BLOSS VOR ?
WIR SOLLEN HIER AUF TO WARTEN – DAS IST DER TYP VOM SCHIFF. WENNS DUNKEL IST, KOMMT ER UNS HOLEN ...
QUAAAK QUAAAK
PSSSST!
?
SCHNELL, SCHNELL, AUFWACHEN!
FG

WARUM RENNEN WIR SO?
WEIL TO AUF DER FLUCHT IST VOR DEN AUF-SEHERN DES PHARAO. IMMER ZUR ZEIT DER GROSSEN NIL-ÜBERSCHWEMMUNG MUSS ER STEINE SCHIPPERN. JETZT HAT ER KEINE LUST MEHR, ER WILL NACH HAUSE, ZU SEINER FAMILIE.
UND WOHIN BRINGT ER UNS GENAU?
IN SEIN HAUS!
IN EIN DORF DIREKT AM NIL.
PSSST
RUHE!
RUHE IM KUH-STALL...
MÄÄH
OIINK OIINK
FG

HÖR ZU, SCHEDU! DAS SIND MEINE FREUNDE! GIB IHNEN ZU ESSEN, SIE HABEN HUNGER.
NOCH EIN STÜCK MELONE?
WIESO BIST DU HIER, TO?
WEIL ICH MEIN LEBEN NICHT LÄNGER RISKIEREN WILL. GESTERN SIND WIEDER FÜNF LEUTE VERUNGLÜCKT, ALS SIE STEINE VOM SCHIFF LUDEN. AUSSERDEM IST DIE PYRAMIDE JA BALD FERTIG.
ZIEGENSPIEL: KINDER SITZEN AUF DEM BODEN, STRECKEN HÄNDE UND BEINE AUS. ANDERE SPRINGEN DARÜBER. DIE SITZENDEN MÜSSEN VERSUCHEN, SIE ZU FALL ZU BRINGEN.
WOHIN GEHST DU?
NACH GISEH! DER SCHLUSSSTEIN WIRD HEUTE AUF DIE PYRAMIDE GESETZT - DAS WIRD EIN GROSSES FEST!
FG

NIMMST DU UNS MIT?
SAG KIEKS, DASS WIR ZUR EINWEIHUNGSFETE GEHN. GEGEN ABEND SIND WIR ZURÜCK.
DA! DER LETZTE STEIN FÜR DIE GROSSE PYRAMIDE!
MIR QUALMT DER SOCKEN - SO EIN BROCKEN
FG

VORSICHT!
AUA!
PSSSST! SOLLEN SIE UNS ALS FREMDE ERKENNEN?!
HAST DU DIR WEH-GETAN, KLEINER FREMDLING? WOHER KOMMST DU? LASS MICH DEINE VERLETZUNG ANSCHAUEN!
WEITER!
FG

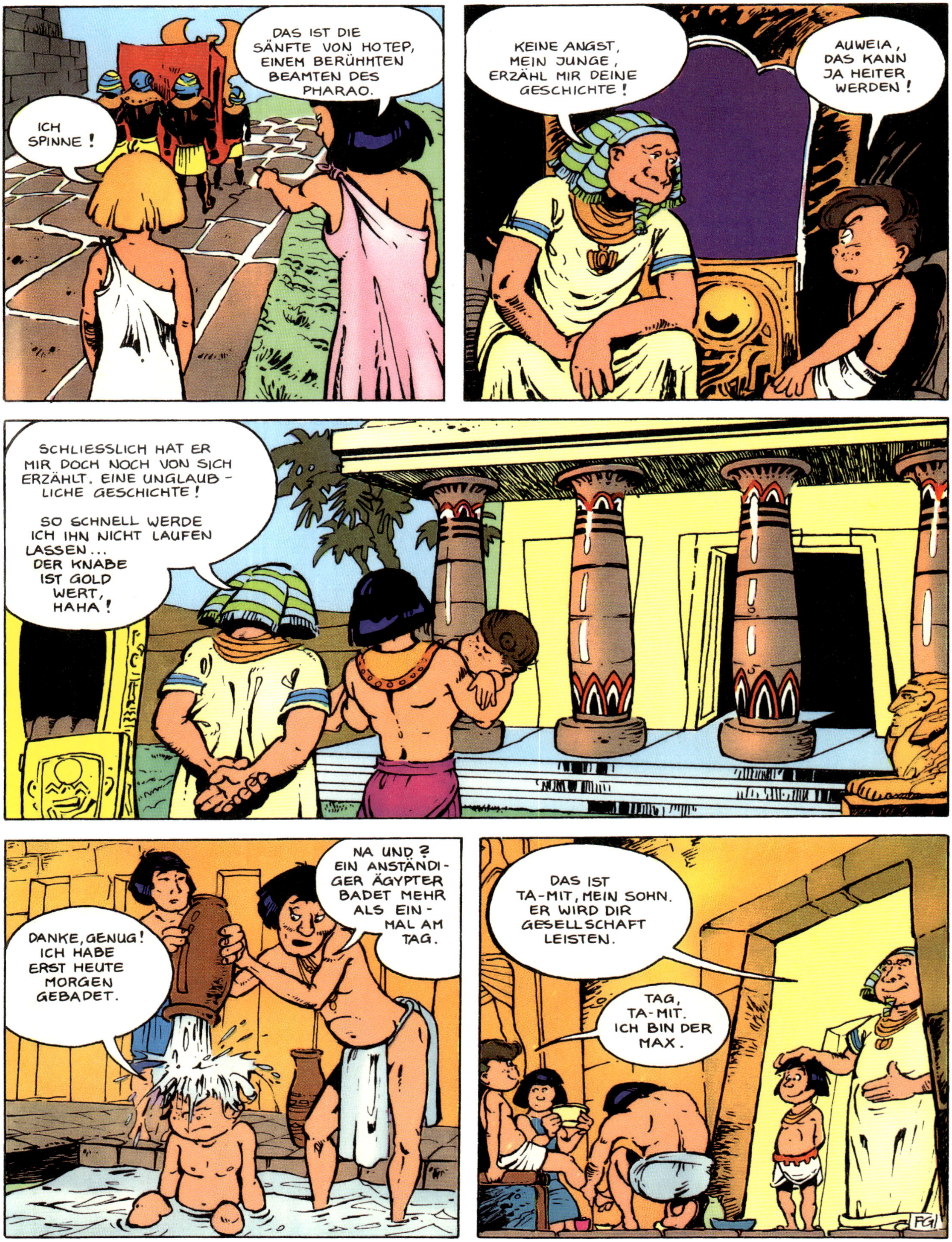
DAS IST DIE SÄNFTE VON HOTEP, EINEM BERÜHMTEN BEAMTEN DES PHARAO.
ICH SPINNE!
KEINE ANGST, MEIN JUNGE, ERZÄHL MIR DEINE GESCHICHTE!
AUWEIA, DAS KANN JA HEITER WERDEN!
SCHLIESSLICH HAT ER MIR DOCH NOCH VON SICH ERZÄHLT. EINE UNGLAUB-LICHE GESCHICHTE!
SO SCHNELL WERDE ICH IHN NICHT LAUFEN LASSEN... DER KNABE IST GOLD WERT, HAHA!
DANKE, GENUG! ICH HABE ERST HEUTE MORGEN GEBADET.
NA UND? EIN ANSTÄNDI-GER ÄGYPTER BADET MEHR ALS EIN-MAL AM TAG.
DAS IST TA-MIT, MEIN SOHN. ER WIRD DIR GESELLSCHAFT LEISTEN.
TAG, TA-MIT. ICH BIN DER MAX.
FG

MAX UND TA-MIT BEIM BRETTSPIEL
GEWONNEN!
WIE GEHT'S DIR? WAS MACHEN DIE FÜSSE?
MIR GEHT'S GUT, DANKE. KANN SCHON WIEDER LAUFEN. NOCH EIN SPIEL, DANN VERABSCHIEDE ICH MICH.
NEIN, NEIN, DU BLEIBST! DU MUSST UNS ERST ALLES VON DEINER ZEIT UND DEINEM LAND ERZÄHLEN – UND VON DEINEM KOMISCHEN VOGEL.
BEI TO:
SIE HABEN MAX ENTFÜHRT, GEKIDNAPPT, EINFACH IN DIE SÄNFTE GEPACKT ... UND WEG WAREN SIE!
ICH WÜRDE EUCH JA GERNE BEI DER SUCHE HELFEN – NUR, DU WEISST JA: DEN HÄSCHERN DES PHARAO MUSS ICH NOCH EINE WEILE AUS DEM WEG GEHEN, SONST ZIEHEN SIE MICH WIEDER ZUR ARBEIT EIN. JETZT WERDEN LEUTE FÜR DEN TEMPELBAU GESUCHT.
ACH, WEISST DU, TO, DEN MAXE FINDEN WIR AUCH SO!
ICH KANN NICHT LÄNGER WARTEN UND DEINEM VATER STORYS ERZÄHLEN. ICH MUSS ZURÜCK ZU MEINER CLIQUE!
FG

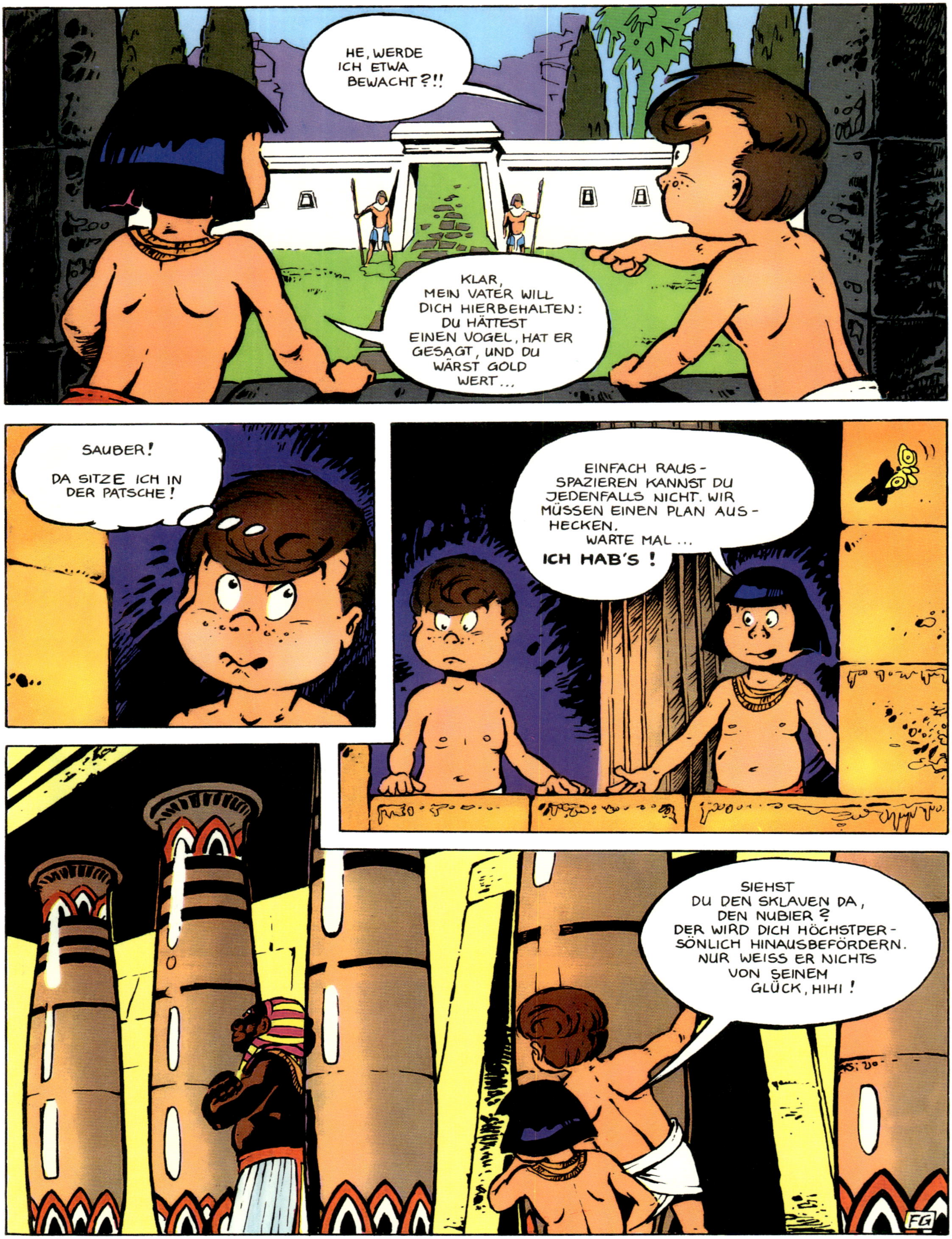
HE, WERDE ICH ETWA BEWACHT ?!!
KLAR, MEIN VATER WILL DICH HIERBEHALTEN: DU HÄTTEST EINEN VOGEL, HAT ER GESAGT, UND DU WÄRST GOLD WERT...
SAUBER! DA SITZE ICH IN DER PATSCHE!
EINFACH RAUS-SPAZIEREN KANNST DU JEDENFALLS NICHT. WIR MÜSSEN EINEN PLAN AUS-HECKEN. WARTE MAL... ICH HAB'S !
SIEHST DU DEN SKLAVEN DA, DEN NUBIER ? DER WIRD DICH HÖCHSTPER-SÖNLICH HINAUSBEFÖRDERN. NUR WEISS ER NICHTS VON SEINEM GLÜCK, HIHI !
FG

SCHNELL, STEIG EIN!
BRINGT DEN KORB ZU MEINEM FREUND NECHTI, UND SAGT IHM EINEN SCHÖNEN GRUSS VON MIR.
TSCHÜSS, "GOLD-VÖGELCHEN"!
FG

NICHTS WIE WEG HIER! AUF, AUF!
WO WARST DU BLOSS? ERZÄHL, WAS WAR LOS?
DIESER ÄGYPTER WOLLTE MICH NICHT GEHN LASSEN. IMMER NEUE STORYS SOLLTE ICH IHM ERZÄHLEN. DA BIN ICH DOCH LIEBER GETÜRMT!
AUF DEM WEG ZU TO
JEDES JAHR ÜBERSCHWEMMT DER NIL DIE FELDER. WENN DAS WASSER WIEDER ABFLIESST, BLEIBT FRUCHTBARER SCHLAMM ZURÜCK – GUTE ERDE FÜR DAS GETREIDE UND DAS GEMÜSE!
ALSO DANN ... WIR MÜSSEN! HAT UNS GUT GEFALLEN BEI EUCH ALTEN ÄGYPTERN!
FFFFT FFFFT
UND WIE STARTEN WIR UNSEREN VOGEL?
FG

HUI!!!! - DAS DACH WAR EIN GUTER STARTPLATZ!
LEBT WOHL!
AUF WIEDERSEHEN! DANKE FÜR ALLES!
HALT DIE LUFT AN, LUZIE! DA UNTEN FÄHRT DER GROSSE CHEOPS!
IN WELCHE ZEIT FLIEGEN WIR JETZT?
MAL SEHEN, WIE WEIT UNSERE PUSTE REICHT ...
FG

SO LEBTEN DIE ALTEN ÄGYPTER

Das alte Ägypten stellt sich vor

Sicher weißt du, dass Ägypten am Nil liegt. Mit 6852 Kilometern Länge ist der Nil der längste Fluss der Welt. Früher – bevor man Stauseen baute – überschwemmte er jedes Jahr zwischen Juli und Oktober das Land. Überschwemmungen richten oft große Schäden an, aber in Ägypten waren sie sehr wichtig. Denn sie hinterließen einen Schlamm, der die Felder düngte.

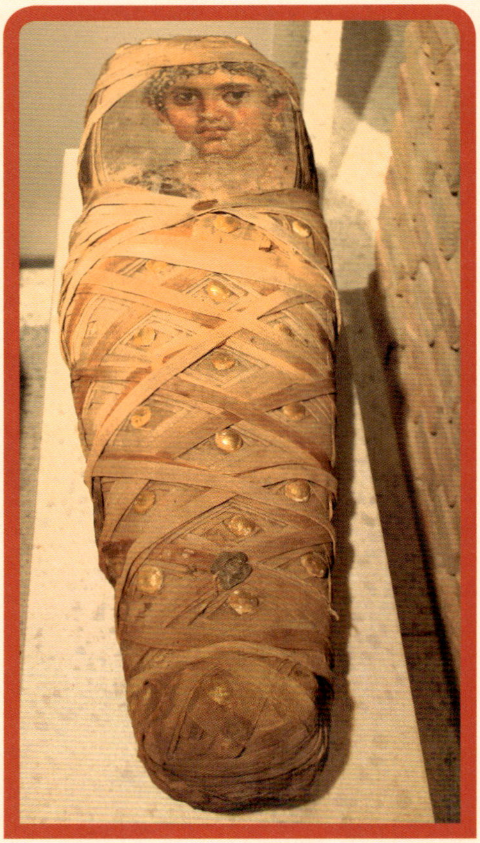

Mumien-sarkophag mit Frauen-porträt

Deshalb lebten schon vor vielen Tausend Jahren Menschen am Nil. Etwa vor 4700 Jahren bildete sich ein mächtiges Reich, das von Königen regiert wurde, die man Pharaonen nennt.

Goldene Totenmaske des Tutanchamun

Danach wurden die leeren Körper mit Ölen und Gewürzen gefüllt und mit Harzen, Bienenwachs und Kräuterölen einbalsamiert. So konnte der Leichnam nicht verwesen und es entstanden Mumien. Für die Mumien der Pharaonen baute man dann riesige Pyramiden, um sie vor Räubern zu schützen.

Der ägyptische Totenkult

Die alten Ägypter glaubten, dass die Pharaonen Söhne des Sonnengottes waren. Sie glaubten auch, dass die Pharaonen nach ihrem Tod wieder zu den Göttern zurückkehren würden. Aber nur, wenn ihr Leichnam erhalten bliebe. Deshalb nahmen sie alle Eingeweide heraus und ließen die Leichen trocknen.

Die Pyramiden

Die größte Pyramide ist die des Pharao Cheops (er regierte etwa von 2620 bis 2580 vor Christus) in Giseh. Viele Tausend Menschen mussten mehrere Jahre schuften, bis sie endlich fertig war. Die Arbeiter waren Bauern wie To in der Geschichte. Sie verdienten sich so ihren Lebensunterhalt, während ihre Felder überschwemmt waren.

Schon gewusst?

Wunderst du dich, dass die alten Ägypter nur Lendenschurze trugen und so seltsame Frisuren hatten? Das liegt daran, dass es in Ägypten sehr heiß ist. Die Ägypter trugen deshalb nur leichte Kleidung aus weißem Leinen und badeten viel. Und damit sie trotzdem kein Ungeziefer, wie Läuse, mit sich herumtrugen, rasierten sie ihr Haar oft ab und trugen dann Perücken.

In späterer Zeit baute man dann keine Pyramiden mehr, sondern versteckte die Mumien der Pharaonen in Felsgräbern. Damit sie es auch im Jenseits gut hatten, gab man ihnen unglaubliche Reichtümer mit. Bestimmt hast du schon vom prächtigen Grab des Tutanchamun (er regierte etwa von 1332 bis 1323 vor Christus) gehört, das man 1922 entdeckt hat.

Die ägyptische Verwaltung

Um so riesige Aufgaben wie den Bau der Pyramiden bewältigen zu können, gab es in Ägypten sehr viele Beamte. Sie waren angesehen und reich, wie du am Vater des Ta-Mit in der Geschichte siehst.

Ägyptische Hieroglyphen

Aber um Beamter zu werden, musste man auf eine Tempelschule gehen und dort viele Jahre lang sehr fleißig sein. Nur so konnte man die sehr komplizierte Schrift der Ägypter, die Hieroglyphen, lernen.

Cheopspyramide mit der Sphinx im Vordergrund

Max & Luzie
Im alten Babylon
M+L

So fing die Geschichte an...
KIEKS, SEINES ZEICHENS ERFINDER ...
HALLO, KOMMT REIN, IHR ZWEI!
PATENT
ALBERT
LÄDT SEINE FREUNDE MAX UND LUZIE EIN, ...
STARK!
SEINE NEUESTE KONSTRUKTION ZU TESTEN: EIN LUFTFAHRRAD NACH TANDEM-ART MIT EINGEBAUTEM GEHEIMNIS.
SCHNELLER TRETEN, SONST KOMMEN WIR NICHT WEIT GENUG ZURÜCK!
??
HÄ?
ERST IN DER LUFT VERRÄT KIEKS, WAS ER VORHAT:
DAS DING HAT EINE ZEIT-SUPER-AUTOMATIK! JEDER TRITT IN DIE PEDALE FÜHRT DIE PASSAGIERE WEIT IN DIE VERGANGENHEIT ZURÜCK!
MAX UND LUZIE SIND BEGEISTERT...
HURRA!!
AUF IN DIE WELTGESCHICHTE!
MAL SEHEN, WO WIR LANDEN!
FRANZ GERG

UM DAS JAHR 1700 VOR CHRISTUS, UNTER DER MÄCHTIGEN STADTMAUER BABYLONS...
AKKAD-SUMER-ELAM! ICH, HAMMURABI, DER HERRSCHER DER VIER WELTTEILE, HABE SIE ALLE BESIEGT! JETZT BIN ICH DER GEBIETER ÜBER GANZ MESOPOTAMIEN!
LASST UNS NUN ZUM TEMPEL UNSERES STADTGOTTES MARDUK ZIEHEN UND IHM ZUM DANK FÜR MEINE GROSSEN TATEN EIN OPFER BRINGEN.
MÄÄÄ-ÄÄÄÄÄH
ICH MUSS MICH DARAN MACHEN, GESETZE ZU ERLASSEN, DIE VON MEINER GRÖSSE KÜNDEN...
OH JA, ICH WERDE MEINE GESETZE IN STEIN MEISSELN LASSEN UND MICH DAMIT UNSTERBLICH MACHEN!
UND IN DREI TAGEN, AN NEUJAHR, FEIERN WIR EIN GROSSARTIGES FEST, WIE ES DIE WELT NOCH NICHT GESEHEN HAT. GLEICH NACH DER OPFERZEREMONIE SOLL EIN JEDER MIT DEN VORBEREITUNGEN BEGINNEN!

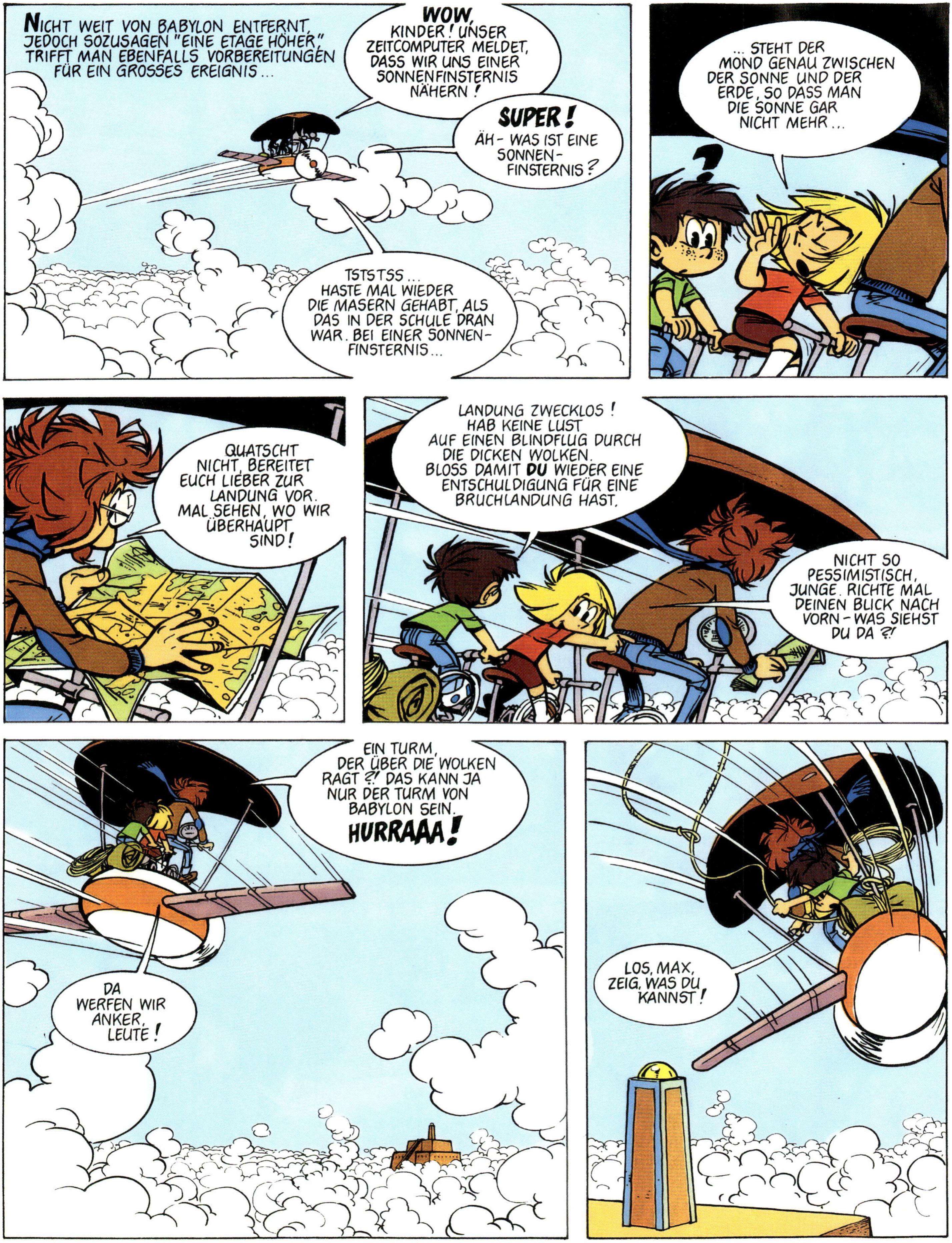
NICHT WEIT VON BABYLON ENTFERNT, JEDOCH SOZUSAGEN "EINE ETAGE HÖHER", TRIFFT MAN EBENFALLS VORBEREITUNGEN FÜR EIN GROSSES EREIGNIS ...
WOW, KINDER! UNSER ZEITCOMPUTER MELDET, DASS WIR UNS EINER SONNENFINSTERNIS NÄHERN!
SUPER! ÄH - WAS IST EINE SONNEN-FINSTERNIS?
TSTSTSS ... HASTE MAL WIEDER DIE MASERN GEHABT, ALS DAS IN DER SCHULE DRAN WAR. BEI EINER SONNEN-FINSTERNIS ...
... STEHT DER MOND GENAU ZWISCHEN DER SONNE UND DER ERDE, SO DASS MAN DIE SONNE GAR NICHT MEHR ...
QUATSCHT NICHT, BEREITET EUCH LIEBER ZUR LANDUNG VOR. MAL SEHEN, WO WIR ÜBERHAUPT SIND!
LANDUNG ZWECKLOS! HAB KEINE LUST AUF EINEN BLINDFLUG DURCH DIE DICKEN WOLKEN. BLOSS DAMIT DU WIEDER EINE ENTSCHULDIGUNG FÜR EINE BRUCHLANDUNG HAST.
NICHT SO PESSIMISTISCH, JUNGE. RICHTE MAL DEINEN BLICK NACH VORN - WAS SIEHST DU DA?!
EIN TURM, DER ÜBER DIE WOLKEN RAGT?! DAS KANN JA NUR DER TURM VON BABYLON SEIN. HURRAAA!
DA WERFEN WIR ANKER, LEUTE!
LOS, MAX, ZEIG, WAS DU KANNST!

JIPPIJEY!
HERRJE! ICH BIN DOCH NICHT...
...SCHWINDEL-FREI!!!!!!!!!!!!!!!!!!!!!!!!
ÄCHZ! WAS TUT MAN NICHT ALLES FÜR DIE WISSENSCHAFT!
UND WIE GEHT'S JETZT WEITER?
DIE SONNENFINSTERNIS IST ERST IN DREI TAGEN... ABER WENN SICH DIE WOLKEN BIS DAHIN NICHT VERZIEHEN, KANN MAN SIE NUR VON HIER OBEN BEOBACHTEN.
UND DAZU BRAUCHE ICH ETWAS RUSS, UM MEINE BRILLE ZU SCHWÄRZEN. ALSO SCHLAGE ICH VOR...
...WIR LASSEN DAS LUFTMOBIL EINFACH HIER OBEN UND GEHN ERST MAL RUNTER NACH BABYLON; DA BESORGEN WIR ALLES, WAS WIR BRAUCHEN.
VOR ALLEM WAS ZU ESSEN! MIR KNURRT DER MAGEN!

INZWISCHEN IST DER FESTZUG HAMMURABIS AM FUSS DES TURMS VON BABYLON ANGEKOMMEN...
OH MARDUK, OBERSTER GOTT UNSERER STADT BABYLON! SIEH DIESES OPFER, DAS WIR DIR ZUM DANK FÜR MEINE GROSSEN TATEN DARREICHEN WOLLEN!
DA UNTEN IST JA DIE GANZE STADT ZUSAMMENGELAUFEN!
WOW! GROSSER BAHNHOF FÜR UNS, SCHÄTZE ICH!
DAS GLAUBST ABER NUR DU, MAX. DAS MUSS EINEN ANDEREN GRUND HABEN.
ICH FLITZ SCHON MAL VOR, UM ZU SEHEN, WAS DA LOS IST!
?
?
WAS HAST DU VOR, MAX ?!
ÜBER MEINE SCHULISCHEN LEISTUNGEN KANN MAN VIELLEICHT GETEILTER MEINUNG SEIN. ABER IM TREPPENGELÄNDERRUTSCHEN...

MAAAX! KOMM SOFORT ZURÜCK!
ZWECKLOS! DER IST NICHT MEHR ZU BREMSEN!
... BIN ICH IMMER NOCH DER BESTE!
UND SO NIMMT DENN DAS SCHICKSAL SEINEN UNAUFHALTSAMEN LAUF...
OH GROSSER MARDUK, NIMM UNSER OPFER MIT WOHLWOLLEN AN...
MÄÄÄHH
...AUF DASS WIR...
HE, DA UNTEN! AUS DER BAAAAAAHN!
POFF
UFF!

DAS IST EIN ZEICHEN!
MARDUK GEFÄLLT UNSER OPFER NICHT!
WAS UNTERSTEHST DU DICH, ELENDER, MIR, DEM GROSSEN HAMMURABI, MITTEN IN DER OPFERZEREMONIE IN DEN RÜCKEN ZU FALLEN!!
SOLDATEN, ERGREIFT IHN!
DER LAUSEBENGEL. HAT NICHTS ALS BLÖDSINN IM KOPF. ENTSCHULDIGUNG VIELMALS! ÄH, HAB ICH RICHTIG GEHÖRT, SEID IHR WIRKLICH HAMMURABI?
DER GROSSE HAMMURABI, DER SICH DURCH SEINE IN STEIN GEMEISSELTEN GESETZE*VEREWIGT HAT?
*CODEX HAMMURABI
?!
WIE KANNST DU DAS WISSEN, DU WURM! WO ICH DOCH VORHIN ERST HEIMLICH DEN ENTSCHLUSS DAZU GEFASST HABE! NICHT MAL ASCHPENAS, MEIN ENGSTER BERATER UND OBERSTER HOFBEAMTER...
... UND NICHT MAL BELTSCHAZAR, DER HOHEPRIESTER, SIND IN MEINEN PLAN EINGEWEIHT!
EIN SEHER!
EIN SENDBOTE UNSERES GOTTES MARDUK!
ACH UNSINN! ICH BIN DOCH NUR WEGEN DER BEVORSTEHENDEN SONNENFINSTER-NIS HIER!

GESTATTEN, KIEKS IST MEIN NAME. UND DAS DA SIND MAX UND LUZIE, MEINE BESTEN FREUNDE ... WENN AUCH MANCHMAL ETWAS UNGEHOBELT, WOFÜR ICH MICH NOCHMAL IN ALLER FORM ENTSCHULDIGEN MÖCHTE.
EINE SONNENFINSTERNIS!
ER SAGT EINE SONNENFINSTERNIS VORAUS!!
MARDUK SCHICKT UNS EIN ZEICHEN!
EIN SEHER? EIN PROPHET? DER HAT MIR JETZT GLATT DIE SCHAU GESTOHLEN! ICH MUSS IHN WOHL ODER ÜBEL ALS GAST AUFNEHMEN. ZUMAL ER DAS VOLK SCHON AUF SEINER SEITE HAT!
UND SO, KURZ DARAUF...
HEIL DEM PROPHETEN MARDUKS!
ES LEBE DER SEHER!!
UND MICH UND MEINE GROSSEN TATEN HABEN SIE SCHON VERGESSEN!
SIEHSTE, ICH HATTE DOCH RECHT: **GROSSER BAHNHOF FÜR UNS!**
DU HÄTTEST UNS IN TEUFELS KÜCHE BRINGEN KÖNNEN, MAX! UND ICH, WIE STEH ICH NUN DA! **ALS PROPHET!**
ES HILFT NIX, DU MUSST DIESE ROLLE JETZT SCHÖN WEITERSPIELEN. SONST WIRD'S NÄMLICH FINSTER FÜR UNS, AUCH OHNE SONNENFINSTERNIS!
VOR DEM KÖNIGSPALAST ANGEKOMMEN...
BRINGT DEN SEHER UND SEINE BEGLEITER IN DEN PALAST. GEBT IHNEN ZU ESSEN UND ZU TRINKEN.

ASCHPENAS UND BELTSCHAZAR, FOLGT MIR NACH!
WÄHREND KIEKS, MAX UND LUZIE KÖNIGLICH BEDIENT WERDEN …
MAX! WILLST DU NICHT WARTEN, BIS UNSER GASTGEBER DA IST!
QUATSCH MIT SOSSE! DAS HIER IST SOWIESO NUR EINE KLEINE VORSPEISE, NEHM ICH AN. DA WIRD MAN DOCH EIN BISSCHEN PROBIEREN DÜRFEN.
SCHMATZ
… HAT SICH HAMMURABI ZU EINER GEHEIMEN BERATUNG ZURÜCKGEZOGEN.
BELTSCHAZAR, WAS HAT DAS ZU BEDEUTEN? MEINST DU WIRKLICH, MARDUK HAT EINEN SEHER ZU UNS GESANDT?
DIE ZEICHEN SPRECHEN DAFÜR; SCHLIESSLICH KAM ER DIREKT VOM TEMPEL HERABGESTIEGEN.
UND WAS, WENN ER EIN BETRÜGER IST?
WIE KONNTE ER DANN ABER MEINE GEHEIMSTEN GEDANKEN LESEN? UND DAZU EINE SONNENFINSTERNIS VORAUSSAGEN?
DU MUSST JEDENFALLS AUF NUMMER SICHER GEHN; DENN WENN ER EIN ECHTER SEHER IST, DANN DARFST DU UNSEREN STADTGOTT NICHT VERÄRGERN. DANN MUSST DU DEN PROPHETEN IN EHREN EMPFANGEN, DAS IST KLAR.
DAS STIMMT. IN HOHEN EHREN SOGAR!
IN ALLERHÖCHSTEN EHREN! ICH WERDE DEN SEHER ZU MEINEM ERSATZKÖNIG ERNENNEN!
EIN GENIALER SCHACHZUG! DAMIT HAT ER IHN AUS DEM FELD GERÄUMT, UND MARDUK KANN UNS TROTZDEM NICHT ZÜRNEN.

WAS KANN ES FÜR EINE HÖHERE EHRE GEBEN, ALS STELLVERTRETEND FÜR DAS GANZE VOLK ALLE SÜNDEN AUF SICH ZU LADEN.
UND ZU BÜSSEN, HEHEHE!
KEINER KANN DIR AN WEISHEIT UND SCHLÄUE DAS WASSER REICHEN, OH GROSSER HAMMURABI!
ENTSCHULDIGT, ICH HATTE ZU TUN. ABER JETZT WILL ICH DAS BESCHEIDENE MAHL MIT EUCH TEILEN.
NA PRIMA! DANN KOMMT JA WOHL HOFFENTLICH BALD DIE HAUPT-SPEISE-
UPS
MAX!
..MICH WÜRDE NOCH INTERESSIEREN, WAS FÜR EINE ART SEHER IHR SEID...
SEID IHR VIELLEICHT EIN WAHRSAGEPRIESTER? EIN BESCHWÖRER ODER ZAUBERER?
ODER GEHÖRT IHR DER GRUPPE DER STERNDEUTER UND TRAUM-DEUTER AN?
..ICH, ÄHMM ... EH ...
IHR HABT DOCH GEHÖRT: ER IST WEGEN DER SONNEN-FINSTERNIS GEKOMMEN. DAS IST, WENN DIE ERDE ZWISCHEN SONNE UND MOND, EH...
NEIN MAX. WENN SICH DER MOND ZWISCHEN SONNE UND ERDE SCHIEBT, SO DASS ER, VON DER ERDE AUS GESEHEN, DIE SONNE VERDECKT. WENN MAN DURCH EIN VERDUNKELTES GLAS SIEHT, KANN MAN DEUTLICH DEN STRAHLENKRANZ DER SONNE BEOBACHTEN, OHNE GE-BLENDET ZU WERDEN.
AH JA?
..ABER WAS ERZÄHLEN WIR DENN DA DEN BABYLONIERN! WO DIE DOCH SELBST HERVORRAGENDE ASTRONOMEN SIND.
UND WAS HAT DIESES ZEICHEN MARDUKS ZU BEDEUTEN?

NA, DASS ES ZAPPENDUSTER WIRD. FINSTER EBEN, WIE DER NAME SCHON SAGT! IST DOCH KLAR!
MAAAX!
WIE DEM AUCH SEI! ICH WILL EUCH WICHTIGERES KUNDTUN. ICH HABE NÄMLICH BESCHLOSSEN...
... DICH, KIEKS, ZU MEINEM ERSATZKÖNIG ZU BENENNEN!
ERST PROPHET, UND DANN ERSATZKÖNIG. D-DAS IST ZU VIEL DER EHRE!
MENSCH, KIEKS, DAS IST DOCH **DIE** CHANCE! DA KANNST DU DOCH JETZT MITMISCHEN BEI DEM HAMMURABI SEINEN GESETZEN!
DU HAST KEINE CHANCE, ABER NUTZE SIE, NA JA...
AM NÄCHSTEN TAG, AUF EINEM DER DÄCHER DES PALASTES...
SKLAVEN, SCHREIBT FOLGENDE GESETZE AUF: DER GOTTESFÜRCHTIGE FÜRST HAMMURABI WURDE VON DEN GÖTTERN BEAUFTRAGT, DIE GERECHTIGKEIT IM LANDE ZU ERNEUERN. ER SOLL ÜBELTÄTER UND BÖSEWICHTE BEKÄMPFEN...

LOS, ERSATZKÖNIG, SAG AUCH WAS DAZU!
PLING PLING
... U-UND DIE SCHWACHEN VOR DER HERRSCHSUCHT DER STARKEN BESCHÜTZEN, JAWOLL!
PLING PLING
... WENN JEMAND EINEN ANDEREN FÄLSCHLICH DES MORDES BEZICHTIGT, DANN SOLL ER SELBST GETÖTET WERDEN!
AUGE UM AUGE, ZAHN UM ZAHN NENNT MAN DAS!
PLING PLING
WENN EIN MAURER EIN HAUS SO BAUT, DASS ES DEM HAUSBESITZER AUF DEN KOPF FÄLLT UND IHN ERSCHLÄGT...
... DANN HAT EINDEUTIG DER ARCHITEKT MIST GEBAUT!
NEI!!!!IN, SO NICHT!! DANN SOLL DER MAURER SELBST ERSCHLAGEN WERDEN, ZUM DONNERWETTER!
ABER HAMMURABI, DAS WÄRE DOCH HÖCHST UNGERECHT!
UND DIE SKLAVEN? SORG BITTE DAFÜR, DASS DIE SKLAVEN IN DEINEN GESETZEN GUT WEGKOMMEN!
NICHT SO SCHNELL, ICH KOMM NICHT MEHR MIT!
UND VERGISS BLOSS NICHT DIE RECHTE DER FRAU! DA MUSST DU BESONDERS DRAUF ACHTEN, WENN DU DIR EINEN NAMEN MACHEN WILLST!

HAAALT! AUS! STOP!! AUFHÖREN!
?!
PAUSE! ICH PACK'S NICHT MEHR!
KLONG
INZWISCHEN TRIFFT MAN IN BABYLON DIE LETZTEN VORBEREITUNGEN FÜR DAS NEUJAHRSFEST...
HAST DU DEIN SÜNDEN-REGISTER SCHON BEIM HOHEPRIESTER EINGEREICHT?
ABER JA DOCH, ES WAR ZIEMLICH LANG DIESMAL, HiHi!
UND DU HAST NICHT ANGST VOR DER STRAFE?
ABER NICHT DOCH! WIR HABEN JA EINEN ERSATZKÖNIG, DER ALLE UNSERE SÜNDEN AUF SICH NIMMT!
JA, WENN DAS SO IST! DANN WILL ICH AUCH NOCH SCHNELL ZUM SCHREIBER GEHN UND MEINE SÜNDEN ANMELDEN.
ENDLICH IST DER GROSSE TAG GEKOMMEN. FEIERLICH WIRD HAMMURABIS GESETZESSTELE VOR DEM VOLK ENTHÜLLT...
UND HIERMIT GEBE ICH KUND UND ZU WISSEN, DASS ICH, DER GROSSE HAMMURABI, MEINE GESETZE...
MOMENT, MOMENT! EIN PAAR SIND JA WOHL AUCH VON UNS!
MAX!

RÄUSPER ! ALSO, UMS KURZ ZU MACHEN: WIE JEDES JAHR AM NEUJAHRSFEST LADEN WIR AUCH DIESES JAHR ALLE SÜNDEN DES VOLKS VON BABYLON ...
... UND MEINER WENIGKEIT **AUF UNSEREN ERSATZKÖNIG HIER !**
?!
DER ERSATZKÖNIG MUSS FÜR ALLE UNSERE SÜNDEN ALS STELLVERTRETER BÜSSEN, SO WILL ES DAS GESETZ ! WELCHE STRAFE SOLL IHN TREFFEN, SPRECHT !
!
!
WENN UNS JETZT NICHT GANZ SCHNELL WAS EINFÄLLT ...
WIR KÖNNEN SIE JETZT NUR NOCH MIT IHREN EIGENEN MITTELN SCHLAGEN !
JAGT IHN IN DIE WÜSTE !
STEINIGT IHN !
WERFT IHN IN DIE ZISTERNE !
NIEDER MIT IHM !

STÜRZT IHN VOM TEMPEL UNSERES GOTTES MARDUK IN DIE TIEFE !!
?
?
?!
?
?
?
?!
A-ABER MAX..!
JAAAAAAAAAAAAAAA
FALLEN SOLL ER !
STÜRZT IHN HINAB FÜR UNSERE SCHLIMMEN SÜNDEN !
AUF ZUM TEMPEL !
UND GLEICH DARAUF...
HOFFENTLICH KOMMT UNS JETZT BALD DEINE SONNENFINSTERNIS ZU HILFE. SONST WIRD'S WIRKLICH ZAPPENDUSTER !
MIT DIR RED ICH KEIN WORT MEHR, DU, DU... HENKER DU !
ABER KIEKS ! DER MAX WOLLTE DOCH NUR ETWAS ZEIT SCHINDEN !
NUN MACH MAN ZU, DASS DEINE VERSPROCHENE SONNENFINSTERNIS BALD KOMMT. ICH ZÄHL AUF DICH, SONST SIND WIR GELIEFERT !
WIR SIND SOWIESO GELIEFERT, DAS HEISST IN DIESEM FALLE ICH. DU MACHST JA MIT DEN ANDEREN GEMEINSAME SACHE !
ALSO KIEKS, NUN KAPIER DOCH ENDLICH !
ICH HAB SCHON KAPIERT ! DU BRAUCHST NICHTS MEHR ZU SAGEN !
ES WIRD UND WIRD NICHT FINSTER, VERFLIXT UND ZUGENÄHT !

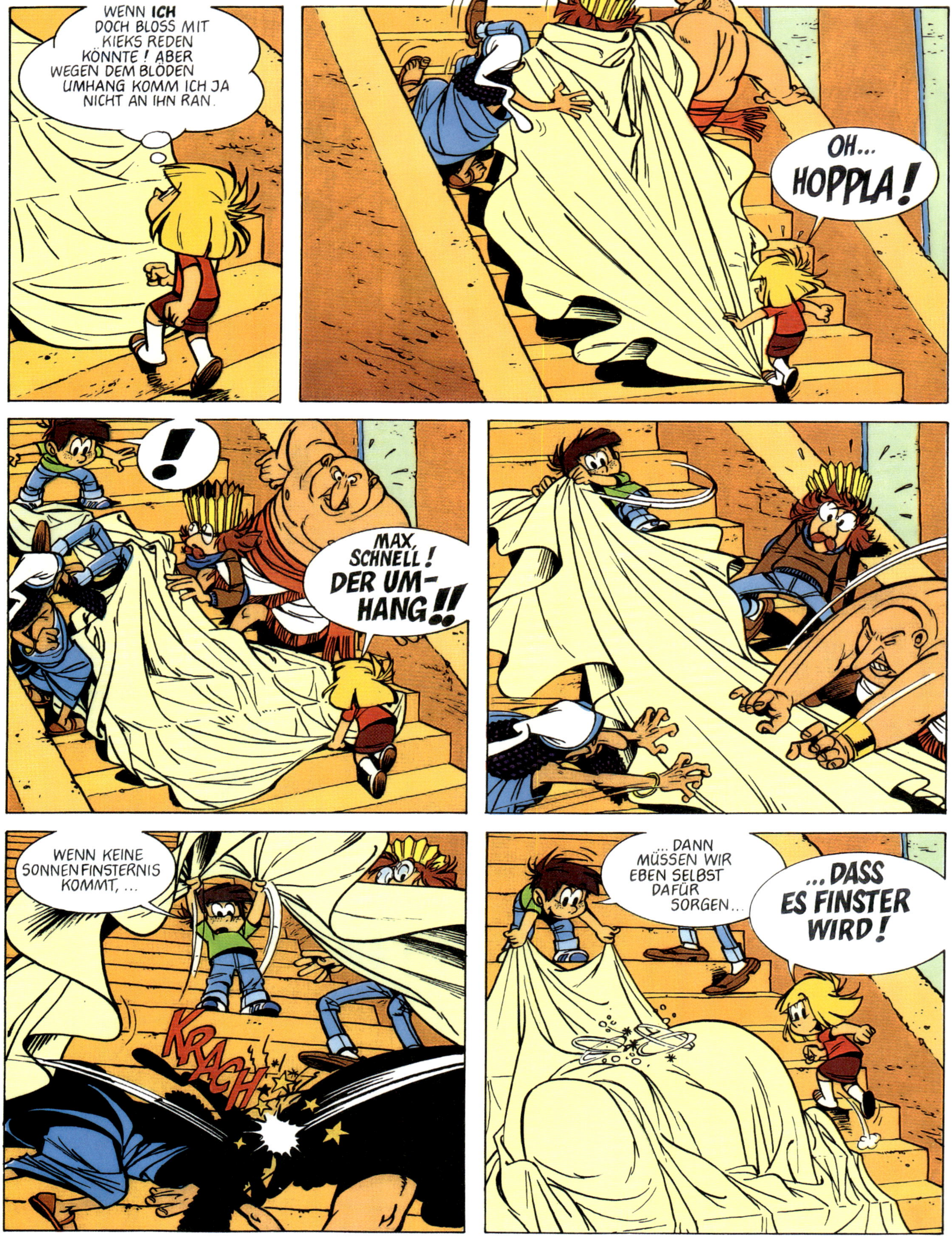
WENN ICH DOCH BLOSS MIT KIEKS REDEN KÖNNTE! ABER WEGEN DEM BLÖDEN UMHANG KOMM ICH JA NICHT AN IHN RAN.
OH... HOPPLA!
!
MAX, SCHNELL! DER UM-HANG!!
WENN KEINE SONNENFINSTERNIS KOMMT, ...
KRACH
... DANN MÜSSEN WIR EBEN SELBST DAFÜR SORGEN...
... DASS ES FINSTER WIRD!

HALTET SIE ! BRINGT MIR DEN ERSATZKÖNIG ZURÜCK, TOT ODER LEBENDIG !!
KEUCH
SCHNELLER ! ICH HAB KEINE LUST, ALS SCHASCHLIK ZU ENDEN !
WAS IST DENN JETZT LOS ?!
DIE SONNEN-FINSTERNIS !
EIN ZEICHEN !
MARDUK BESCHÜTZT SIE !
LASST SIE LAUFEN !
DIE SONNE VERBIRGT IHR ANTLITZ VOR UNS !
EIN ZEICHEN ! MARDUK SCHÜTZT SEINE SENDBOTEN ! WIR HABEN AN IHM GEFREVELT !
GANZ OBEN ANGE-KOMMEN...
UND ICH DUMMKOPF HAB VERGESSEN, DEN RUSS FÜR MEINE BRILLE ZU BESORGEN !
KOMM ENDLICH, KIEKS !
JETZT HAB ICH DIE SCHÖNE SONNENFINSTERNIS NICHT MAL RICHTIG BE-OBACHTEN KÖNNEN, SNIFF !
DU HAST VIELLEICHT PROBLEME !
???
???
F. GERG

SO LEBTE MAN IM ALTEN BABYLON

Babylon stellt sich vor

Babylon war eine Stadt im heutigen Irak. Vielleicht kennst du den Irak aus den Nachrichten im Fernsehen, die von Kriegen und Unruhen dort berichten. Doch vor 5500 Jahren war Mesopotamien – so hieß dieses Gebiet früher – die fortschrittlichste Region der Welt.

Babylon kennst du auch aus der Bibel vom Turmbau zu Babel.

Dort bauten die Menchen zum ersten Mal große Städte, erfanden eine Schrift und begannen, Wissenschaft zu betreiben. Babylon war eigentlich nur eine Stadt. Doch vor etwa 3800 Jahren unterwarf ihr König Hammurabi (er regierte etwa von 1792 bis 1750 vor Christus) das ganze Land. So entstand das Babylonische Reich.

Die babylonischen Gesetze

Die 2,25 Meter hohe Stele aus Babylon mit dem Codex Hammurabi

Babylon war eine richtige Großstadt. Dort lebten viele Menschen aus den verschiedenen Völkern des Babylonischen Reiches auf engem Raum zusammen, zum Beispiel Sumerer, Akkader, Assyrer oder Elamiter. Damit es keine Probleme gab, waren alle Dinge streng geregelt. Zum Beispiel, wie viel Geld ein Arzt höchstens für eine Behandlung verlangen darf. Oder wer den Schaden bezahlen muss, wenn ein Haus einstürzt. König Hammurabi ließ alle Gesetze, wie du im Comic gesehen hast, auf eine große schwarze Steinsäule schreiben, damit jeder sie kannte.

Die babylonische Gesellschaft

Sicher weißt du, dass heute alle Gesetze für alle Menschen gleich gelten. In Babylon war das nicht so. Es gab Adelige, die Land hatten, normale Menschen und Sklaven. Adelige hatten mehr Rechte als normale Menschen und Sklaven fast gar keine. Auch Frauen hatten weniger Rechte als Männer. Aber sie durften Geschäfte machen und einen Beruf haben, was ihnen bei den meisten anderen Völkern der alten Geschichte verboten war.

Schon gewusst?

Im Comic siehst du, wie die Babylonier einen Ersatzkönig umbringen wollen. Das war ein Mensch, der die Sünden aller Menschen auf sich nahm und zur Abwendung von Unheil sterben musste. Andere Völker kannten einen ähnlichen Brauch. Aber sie nahmen dafür keinen Menschen, sondern einen Ziegenbock. Daher kommt der Ausdruck „jemanden zum Sündenbock machen".

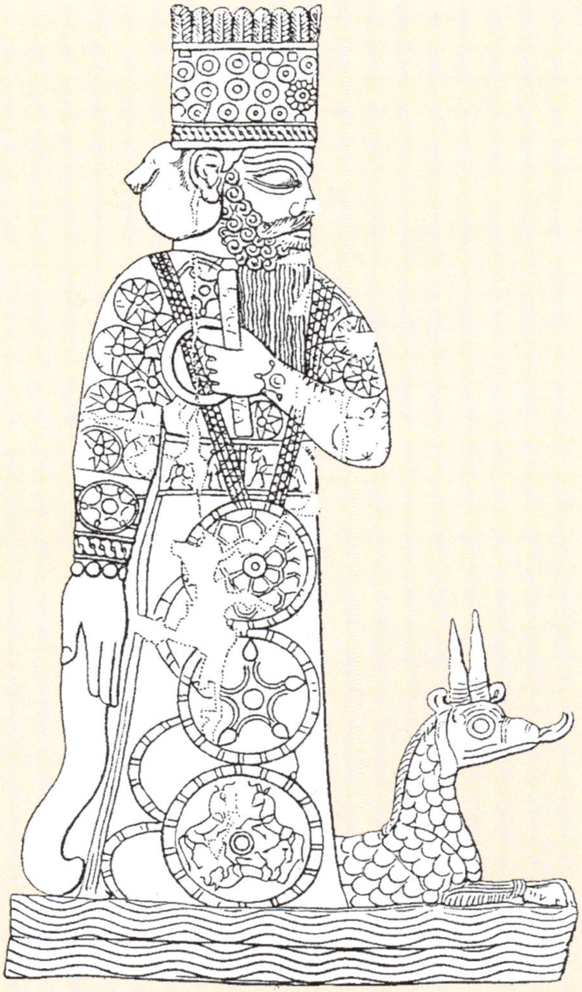

Darstellung von Marduk, dem Gott Babylons

Die babylonische Religion

Für die Babylonier war Religion sehr wichtig. Jede Stadt hatte ihren Stadtgott, den sie besonders verehrte. Marduk, der Gott von Babylon, war gleichzeitig der höchste Gott des ganzen Landes. Die babylonischen Götter wurden in Tempeln verehrt, die auf hohen Stufenpyramiden standen. Die von Marduk in Babylon, die du im Comic siehst, war natürlich die höchste und ist als Turm von Babel bekannt geworden.

Der Tempel für Marduk in Babylon

Die Babylonier hatten Angst, dass die Götter böse mit ihnen sein könnten. Deshalb brachten sie ihnen ständig Opfer und hielten nach ungewöhnlichen Zeichen, wie einer Sonnenfinsternis, Ausschau, die vielleicht eine Botschaft der Götter sein konnten.

Die babylonischen Götter hatten Menschengestalt und gehörten alle zu einer Götterfamilie. Jedem Gott wurden bestimmte Eigenschaften zugewiesen. Die Hauptgottheiten wurden durch Dienergottheiten unterstützt – wie auch der König Diener hatte.

Max & Luzie

Bei den alten Griechen

So fing die Geschichte an ...
KIEKS, SEINES ZEICHENS ERFINDER ...
LÄDT SEINE FREUNDE MAX UND LUZIE EIN, ...
STARK!
SEINE NEUESTE KONSTRUKTION ZU TESTEN: EIN LUFTFAHRRAD NACH TANDEM-ART MIT EINGEBAUTEM GEHEIMNIS.
SCHNELLER TRETEN, SONST KOMMEN WIR NICHT WEIT GENUG ZURÜCK!
???
!
ERST IN DER LUFT VERRÄT KIEKS, WAS ER VORHAT:
DAS DING HAT EINE ZEIT-SUPER-AUTOMATIK! JEDER TRITT IN DIE PEDALE FÜHRT DIE PASSAGIERE WEIT IN DIE VERGANGENHEIT ZURÜCK!
MAX UND LUZIE SIND BEGEISTERT ...
HURRA!
AUF IN DIE WELTGESCHICHTE!
MAL SEHEN, WO WIR LANDEN ...

DURCH DIE ZEIT RADELN MACHT ECHT SPASS. FRAGT SICH NUR, **WO** - ÄH - **WANN** WIR SIND.
WENN WIR WEITER NACH SÜDEN STRAMPELN, MÜSSTEN WIR IN NULL-KOMMA-NIX BEI DEN ALTEN GRIECHEN LANDEN: DAS WÄR DOCH WAS, ODER
?
DA IST SCHON **LAND**!
FÜR DEN SPASS GEB' ICH GERN GAS! **AUF ZU DEN** OLLEN GRIECHEN!
?!
!?
FG

GESTATTEN, MEIN NAME IST COX - ÄH - KIEKS!
WENN DAS MAN GUTGEHT! SO MITTEN IN EINE THEATERVORSTELLUNG ZU PLATZEN, KÖNNTE MAN SICH NICHT MAL BEI UNS ZU HAUSE LEISTEN.
HOFFENTLICH IST DAS NICHT DER RAUSSCHMEISSER. DER SIEHT JA ZUM FÜRCHTEN AUS!
QUATSCH! DAS IST EIN SCHAU-SPIELER MIT MASKE. BEI DEN ALTEN GRIECHEN GEHÖRT DAS ZUM SHOWGESCHÄFT.
HALT! IHR SEID VERHAFTET!
VERFLIXT! ICH FÜRCHTE, FÜR UNS WIRD DIE KOMÖDIE TRAGISCH ENDEN!
FG

SCHÖNES THEATER!
WENIG SPÄTER IM RATHAUS
IM NAMEN ATHENS BEANTRAG ICH HIER, ZU LÖSEN DEN DELISCHEN BUND; UND RÜCKZUERSTATTEN SCHIFFE UND SCHÄTZE ALL JENEN, DIE EINSTENS DA MITGLIEDER WAREN.
MOMENT MAL, PERIKLES! ICH HABE HIER DREI FREMDE, DIE ICH EUCH VORFÜHREN SOLL ...
SCHÄNDLICHER! WAS STÖRST DU DEN FLUSS MEINER REDE!
AU WEIA! JETZT HAT ER AUCH NOCH DEM PERIKLES DIE REDE VERMASSELT!
FG

ABER WAS SOLL'S. IM ALTEN ATHEN DARF AUCH DER KLEINE MANN BEI RATSVERSAMMLUNGEN REDEN ...
ABER NUR, WENN ER AN DER REIHE IST, DU TÖLPEL! SCHON MAL WAS VON DEMOKRATIE GEHÖRT? HINAUS!
ACH WAS! ICH LASS' EUCH LAUFEN ...
DAS WAR ALSO DER BERÜHMTE PERIKLES!
FELDMARSCHALL, ADMIRAL, POLIZEIDIREKTOR, MINISTER FÜR DAS ÄUSSERE, FÜR FINANZEN UND BAUWESEN – ALLES IN EINER PERSON.
EIN FÄHIGER KOPF.
JETZT NUR KEIN VORTRAG, KIEKS! SAG UNS LIEBER, WAS DER MIT UNS VORHAT. WENN ER UNS EINSPERRT !?
NICHT SO LANGSAM, FAULE BANDE! IHR SEID NICHT HIER, UM ZEIT ZU SCHINDEN!
FG

DER BAU WIRD ZU TEUER, THEMISTOKLES. DU MUSST MEHR SKLAVEN EINSETZEN. DIE SIND JETZT BILLIG ZU HABEN. DIE ARBEITER KOSTEN ZU VIEL!
WÜRDE ICH JA TUN! ABER DANN STREIKEN DIE ARBEITER.
AUA! PASS DOCH AUF!
HI HI!
IHR SEID FREMD HIER?
FREMDER GEHT'S NICHT!
WIR KENNEN KEINEN HIER, UND KEINER KENNT -AUA!- UNS.
SO, SO! GANZ FREMD ALSO. GANZ ALLEIN!
ENTZÜCKEND!
PACKT SIE!
ICH WILL SIE HABEN!
FG

AUS DEM WEG!
ES IST VERBOTEN, DEN UNRAT AM TAG AUF DIE STRASSE ZU WERFEN! WARTE BIS ZUM ABEND DAMIT!
WO IST LUZIE?
VERFLIXT! WIR HABEN LUZIE VERLOREN.
DAS KANN JA HEITER WERDEN!
ZUR GLEICHEN ZEIT
FG

HE DU! PASS AUF, DASS DICH DIE MARKTPOLIZEI NICHT ERWISCHT! FRAUEN UND MÄDCHEN HABEN AUF DER STRASSE NICHTS ZU SUCHEN - ALLEIN SCHON GAR NICHT!
WAS HEISST DAS, FRAUEN HABEN HIER NICHTS ZU SUCHEN?! UND WER BIST DU ÜBERHAUPT?
ICH HEISSE PHIDIAS. UND DU KOMMST WOHL VOM MOND, WIE? DU WEISST JA DIE EINFACHSTEN DINGE NICHT! UND FRÖHLICH SIEHST DU AUCH NICHT GERADE AUS!
ACH! ICH HABE MEINE FREUNDE VERLOREN! DEN KIEKS UND DEN MAX. WIE SOLL ICH SIE JE WIEDERFINDEN?! UND AUSSERDEM HAB' ICH SCHRECKLICHEN HUNGER!
KOMM. ICH KAUFE DIR EIN BROT!
WAS? BEWAHRST DU DEIN GELD ETWA IM MUND AUF?
NATÜRLICH! WIE ALLE ATHENER! DUMME FRAGE!
UND JETZT MUSST DU SCHLEUNIGST IN EIN HAUS, SONST KRIEGEN WIR NOCH ÄRGER ...
WENN MICH DIE POLIZEI ERWISCHT, WERDE ICH DANN ALS SKLAVIN VERKAUFT?
ICH SAG JA, DIE STRASSE IST NICHTS FÜR DIE FRAUEN! NICHTS ALS SCHRECKEN FÜR SIE!
NUN HEUL NICHT GLEICH WIEDER, ICH BESCHÜTZE DICH JA. LASS UNS ZU MIR NACH HAUSE GEHN, DANN SEHEN WIR WEITER ...
FG

WIR KLETTERN ERST MAL AUF MEINEN BAUM - DA OBEN BIST DU SICHER.
UND DANN ÜBERLEGEN WIR UNS WAS...
OHNE DIE HILFE DER GÖTTER FINDEN WIR DEINE FREUNDE NICHT. WIR SOLLTEN UNS AUF DEN WEG NACH **DELPHI** MACHEN UND DAS **ORAKEL** BEFRAGEN!
ICH SOLL ATHEN VERLASSEN?! **KOMMT NICHT IN FRAGE!**
ALSO GUT! ICH SUCHE DEINE FREUNDE NOCH EINEN TAG LANG. FINDE ICH SIE NICHT, DANN WIRD UNS NICHTS ANDERES ÜBRIGBLEIBEN...
TOC
TOC
AM NÄCHSTEN ABEND
SO, DA BIN ICH WIEDER. WAR DER TAG SCHLIMM?
PIEPLANGWEILIG! ABER EGAL!
HAST DU KIEKS UND MAX GEFUNDEN? ERZÄHL DOCH! WO SIND SIE?
GANZ ATHEN HABE ICH ABGESUCHT: **NICHTS!** WIR MÜSSEN JETZT DOCH ZUM ORAKEL. WENN DU WIE EIN JUNGE AUSSIEHST, HABEN WIR UNTERWEGS WENIGER SCHWIERIGKEITEN!
WENN'S DENN SEIN MUSS!
AUF NACH DELPHI ZU DEN GÖTTERN!
FG

ZUR GLEICHEN ZEIT
WO KANN LUZIE BLOSS SEIN? VERFLIXT! ALS MÄDCHEN DARF SIE SICH JA HIER NIRGENDS BLICKEN LASSEN, OHNE AUFZUFALLEN.
GERECHT IST ES, ZUERST DEN VORFAHREN EIN EHRENVOLLES ANGE-DENKEN ZU WEIHEN!
NATÜRLICH SIND DIE AHNEN DES RUHMES WERT. ABER NOCH WICHTIGER IST ES, DIE ZUKUNFT ZU BEDENKEN!
HÖRT, HÖRT! ER EHRT DIE TOTEN NICHT!
WIR MÜSSEN JEDEN WINKEL DER STADT NACH LUZIE ABSUCHEN! LOS!
STEHEN DIE HIER DEN GANZEN TAG HERUM? DEREN SORGEN MÖCHT' ICH HABEN!
DIE ATHENER DISKUTIEREN GERN - DAS IST IHR LIEBSTES HOBBY.
TAGE SPÄTER
WENN'S NUR HILFT, DEN KIEKS UND DEN MAX WIEDER-ZUFINDEN!
DORT HINTER DEM WÄLDCHEN IST DELPHI ... DER HEILIGE BEZIRK DES APOLLO. WENN WIR GLÜCK HABEN, VERKÜNDET DIE PYTHIA HEUTE ORAKEL ...
FG

WIR BRAUCHEN NOCH EIN OPFERTIER!
JETZT WIRD'S SPANNEND!
DER PRIESTER PRÜFT DAS TIER. SO ERFÄHRT ER, OB ES APOLLO GEFÄLLT, DIE ORAKELFRAGE DURCH DEN MUND DER PYTHIA ZU BE-ANTWORTEN.
UND WENN NICHT, DANN HABEN WIR DIE WEITE REISE VON ATHEN NACH DELPHI UMSONST GEMACHT?
DU WIRST SEHEN - ALLES GEHT GUT!
FG

EIN WENIG SPÄTER
PHIDIAS AUS ATHEN BITTET DIE GOTTHEIT, IHM ZU SAGEN, OB DIE FREUNDE DIESES FREMDEN NOCH NACH IHM SUCHEN. NICHT GERNE MÖCHTE ER ALLEIN IN DIESEM FREMDEN LAND ZURÜCK-BLEIBEN!
PHIDIAS AUS ATHEN BITTET DIE GOTTHEIT, IHM ZU SAGEN, OB DIE FREUNDE DIESES FREMDEN NOCH NACH IHM SUCHEN NICHT GERNE ... - MURMEL, MURMEL -
UND DIESE FRAU WEISS AUF ALLE FRAGEN EINE ANTWORT?
KLAR! DURCH DIE DÜNSTE AUS DEM ERDSPALT GERÄT SIE IN VERZÜCKUNG UND SPRICHT, WAS APOLLO IHR EINGIBT!
FREUNDE SUCHEN AM FERNEN GESTADE AN DER SCHWELLE DES ZEUS NACH EINEM LICHT!
??
WAS HEISST DAS NUN, SUCHEN AN DER SCHWELLE DES ZEUS NACH EINEM LICHT?
WARTE MAL: DAS LICHT, DAS BIST DU. ABER WAS MEINT SIE MIT "SCHWELLE DES ZEUS"?
ICH HAB'S! SIE SUCHEN BEI DEN OLYMPISCHEN SPIELEN NACH DIR! DAS IST DAS FEST DES ZEUS! KOMM, WIR ZIEHEN NACH OLYMPIA!
FG

MEIN SITZFLEISCH TUT WEH!
NUN HAB DICH NICHT SO. VON ORT ZU ORT ZU KOMMEN, DAUERT EBEN SEINE ZEIT.
ZUR GLEICHEN ZEIT
JETZT SUCHEN WIR SIE SCHON WOCHEN-LANG! WIR FINDEN LUZIE NIE WIEDER!
OHNE LUZIE REISEN WIR NICHT AB!
ENDLICH IN OLYMPIA!
ENDLICH IN OLYMPIA!
GLEICH GEHT'S LOS!
GOTT, VATER ZEUS, SEGNE UNSER FEST!
ICH FREU MICH SCHON AUF DIE DISKUS-WERFER!
FG

PLING
GUCK MAL, KIEKS! EINE MÜNZE!
LUZIE?
MAX!
HURRA!! ENDLICH HABEN WIR DICH WIEDER!
ENDLICH! ICH HAB ES KAUM NOCH AUSGEHALTEN OHNE EUCH! OBWOHL MIR DER PHIDIAS SO GEHOLFEN HAT!

... UND DANN HABEN WIR DAS ORAKEL IN DELPHI BEFRAGT UND DAS HAT UNS ZU DEN OLYMPISCHEN SPIELEN GESCHICKT.

WIR MÜSSEN LOS! WEITER IN DIE ZEIT REISEN! IN GRIECHENLAND WAREN WIR LANGE GENUG!
DABEI WÜRDE DIR GRIE-CHISCH GUT STEHEN, KIEKS! DU HAST SCHON EIN RICHTIG KLASSISCHES PROFIL!
FG

SCHADE, DASS DU NICHT MITKOMMEN KANNST, PHIDI! DU BIST MEIN BESTER FREUND! ICH WERDE DICH NIE VERGESSEN!
MACH'S GUT!
HO HO
FG

AUF WIEDERSEHEN!
AUF IN EINE NEUE ZEIT!

SO LEBTEN DIE ALTEN GRIECHEN

Das alte Griechenland stellt sich vor

Vor etwa 2500 Jahren, also rund 500 Jahre vor Christus, war Griechenland das fortschrittlichste Land der Welt.

Weißt du, wie heute die Hauptstadt von Griechenland heißt? Es ist Athen. Auch im alten Griechenland war Athen die größte und wichtigste Stadt. Doch die Regierung von Athen herrschte nicht über ganz Griechenland wie heute, sondern nur über die Stadt Athen. In anderen Städten gab es andere Regierungen.

Antikes Theater mit Athen im Hintergrund

Die größten griechischen Heiligtümer

Doch obwohl sie verschiedene Regierungen hatten, fühlten sich die Griechen als ein Volk. Schließlich sprachen sie die gleiche Sprache und verehrten die gleichen Götter. Der oberste dieser Götter hieß Zeus. Sein Heiligtum war in dem Ort Olympia. Dort fanden zu Ehren des Zeus die Olympischen Spiele statt.

Das zweite große Heiligtum der Griechen war das Orakel von Delphi, wo die Priesterin Pythia angeblich die Zukunft voraussagte.

Die Priesterin Pythia auf einem Dreifuß sitzend

Griechische Politik

Weiß du, dass es in Athen die erste Demokratie der Welt gab? Demokratie heißt Volksherrschaft. Das bedeutete damals, dass ein Land nicht von einem König regiert wurde, sondern von Männern, die vom Volk gewählt wurden. Ein solcher gewählter

Büste des Perikles

Politiker war zum Beispiel Perikles (um 490–429 vor Christus), den du im Comic kennengelernt hast.

Aber auch er musste bei allem, was er tat, noch einmal die Zustimmung des Volkes einholen. Die Bürger von Athen sammelten sich dafür auf dem Marktplatz und stimmten ab. Allerdings waren nur freie Männer Bürger. Kinder, Frauen und Sklaven hatten kein Stimmrecht.

Griechische Kultur

Willst du wissen, warum es in Athen so viele Baustellen gab? Die Athener wollten ihre Stadt zur schönsten und prächtigsten von ganz Griechenland machen. Deshalb bauten sie viele Tempel und auch das Theater, in dem Max und Luzie landen. Die alten Griechen liebten Theater sehr und da in Griechenland meistens schönes Wetter ist, fanden die Aufführungen im Freien statt. Deshalb sahen die Theater damals fast so aus wie heute Sportarenen.

Das Dionysostheater in Athen gilt als Geburtsstätte der Tragödie.

Schon gewusst?

Im Jahr 393 herrschte der römische Kaiser Theodosius I. (347–395) über Griechenland. Er war Christ und verbot die Olympischen Spiele, weil sie zu Ehren des heidnischen Gottes Zeus stattfanden. Erst im Jahr 1896 wurden wieder Olympische Spiele veranstaltet. Natürlich nicht mehr zu Ehren des Zeus.

Zeus wurde häufig mit Blitzen dargestellt, die ihm als Waffe dienten.

Griechische Bildung

Die alten Griechen legten auch viel Wert auf Bildung. Die klügsten Männer, die sogenannten Philosophen, trafen sich auf dem Marktplatz und diskutierten dann stundenlang über alles Mögliche. Auch für die Kinder war der Schulunterricht sehr wichtig, jedenfalls für die Jungen. Die Mädchen lernten damals nur, was man wissen musste, um einen Haushalt zu führen.

Max & Luzie

Im alten Rom

So fing die Geschichte an ...
KIEKS, SEINES ZEICHENS ERFINDER ...
LÄDT SEINE FREUNDE MAX UND LUZIE EIN, ...
STARK!
SEINE NEUESTE KONSTRUKTION ZU TESTEN: EIN LUFTFAHRRAD NACH TANDEM-ART MIT EINGEBAUTEM GEHEIMNIS.
SCHNELLER TRETEN, SONST KOMMEN WIR NICHT WEIT GENUG ZURÜCK!
???
!
ERST IN DER LUFT VERRÄT KIEKS, WAS ER VORHAT:
DAS DING HAT EINE ZEIT-SUPER-AUTOMATIK! JEDER TRITT IN DIE PEDALE FÜHRT DIE PASSAGIERE WEIT IN DIE VERGANGENHEIT ZURÜCK!
MAX UND LUZIE SIND BEGEISTERT ...
HURRA!
AUF IN DIE WELTGESCHICHTE!
MAL SEHEN, WO WIR LANDEN ...

KEIN ZWEIFEL! WIR LANDEN IM ALTEN ROM!
DREH' LIEBER AB, KIEKS! WENN WIR MITTEN IN DER STADT LANDEN, GIBT'S WIEDER ÄRGER!
GUCKT MAL! ALLE WEGE FÜHREN NACH ROM. STIMMT AUFFALLEND, DER ALTE SPRUCH!
KIEKS, MAX UND LUZIE LANDEN WEIT DRAUSSEN VOR DER STADT
SO, DAS LUFTMOBIL HÄTTEN WIR GUT VERSTECKT. UND JETZT?
JETZT GEHN WIR AM BESTEN ERST MAL IN DIE STADT. ICH GLAUBE, UNSERE KNABBERLEISTEN BRAUCHEN WAS ZU BEISSEN.
SOLLTEN WIR UNS NICHT LIEBER VERKLEIDEN, KIEKS?
VIA APPIA

NICHT NÖTIG! ROM IST EINE WELTSTADT. DA FALLEN WIR ZWISCHEN DEN VIELEN FREMDEN GAR NICHT AUF...
SIEHT SO AUS, ALS KÄMEN WIR VOR SONNENUNTERGANG NICHT AN.
INZWISCHEN IST ES NACHT GEWORDEN
DA LIEGEN JA 'NE MENGE SCHIFFE IM HAFEN. WO DIE WOHL ALLE HERKOMMEN?
AUS DEN PROVINZEN DES RÖMISCHEN REICHES NATÜRLICH! MIT KUNSTSCHÄTZEN, GETREIDE, SCHMUCK UND GESCHMEIDE. WAS DER REICHE RÖMER HALT GERN REICHLICH HAT...
FG

OH!
PSST!
DIEBE! RÄUBER! DIE HABEN DAS ZEUG VOM SCHIFF GEKLAUT!
DER REINSTE KRIMI! NICHTS WIE HINTERHER!
UND DER VERPENNT DEN SPANNENDSTEN TEIL!
ZZZZ
HIER IM DUNKLEN EINGANG SIND SIE VERSCHWUNDEN!
DOMINA, WAS ZU TUN IST, BESTIMME ICH! ICH BIN HIER DER HERR IM HAUS!
ICH SAG'DIR, IM HAUSHALT HAB' ICH DAS SAGEN! SOLANGE DU DIR NICHT INS GESCHÄFT DREINREDEN LÄSST!
NA, DAS KLINGT EHER VERTRAUT ALS RÄUBERISCH!
FG

DOCH DA:
HÄ! HÄ! HAT GUT GEKLAPPT! DIE BEUTE IST GOLD WERT!
PSSSST!
DAS MÜSSEN SIE SEIN!
NICHT SO LAUT! DIE WÄNDE HABEN OHREN. SCHAU MAL NACH!
BLÖDSINN! WAS DU IMMER HAST! DIE LUFT IST REIN!
WENIG SPÄTER
MANN, DAS WAR KNAPP!
TJA, ABER WAS NUN? DA IST GUTER RAT TEUER!
NÖ, GAR NICHT! WIR BRAUCHEN DOCH NUR AM BALL - ÄH - AM DIEB ZU BLEIBEN! ALSO WARTEN, BIS DIE RAUSKOMMEN. UND DANN NEHMEN WIR DIE VERFOLGUNG AUF...
AM NÄCHSTEN MORGEN
KIEKS, LUZIE! AUFWACHEN! DIE GROSSE JAGD BEGINNT!
HIER LANG!
FG

BETONT UNAUFFÄLLIG FOLGEN KIEKS, MAX UND LUZIE DEN LANGFINGERN ...
GUCKT MAL! LEGIONÄRE! OB DIE IN EINEN KRIEG ZIEHEN?
WER WEISS? DAS REICH DER RÖMER WAR SO GROSS, DASS ES IMMER MAL IRGENDWO IN DEN PROVINZEN KRISELTE ... IHR KENNT DAS JA AUS DEM "ASTERIX"!
VORSICHT! DIE DÜRFEN NICHTS MERKEN! TUN WIR SO, ALS WÜRDE UNS DIE WANDSCHRIFT DA INTERESSIEREN ...
GUTE IDEE! HE, DAS IST JA WIRKLICH INTERESSANT! DA STEHT, DASS AUS DEM LADEN EIN BRONZEGEFÄSS ABHANDENGEKOMMEN IST. WAHRSCHEINLICH GEKLAUT. WER DAS GUTE STÜCK ZURÜCKBRINGT, KRIEGT EINE BELOHNUNG ÜBER 65 SESTERZEN!
NICHT SCHLECHT! VIELLEICHT KÖNNEN WIR UNS AUCH EINE BELOHNUNG VERDIENEN, WENN WIR DIE DIEBE FANGEN. EIN BISSCHEN GELD KÖNNTEN WIR SCHON GEBRAUCHEN.

JETZT KEIN LANGES PALAVER, LUZIE! MIR NACH! JETZT GEHT'S UM DIE **WURST**!
MAX AHNT NOCH NICHT, WIE RECHT ER HAT...
GIB DIE WURST ZURÜCK, FRECHER KÖTER!
VORSICHT! IST DOCH ALLES ZERBRECHLICH!
ALSO WEISST DU, KIEKS! DU SAGST EINFACH **'ZERBRECHLICH'**. WENN DIE NUN GEMERKT HABEN, DASS DU WEISST, WAS IN DEM SACK STECKT...
FG

ACHTUNG!
SIE SIND IN DIE VILLA GEGANGEN...
SEHT IHR WAS?
PSSST!
BEIM JUPITER, JULIUS MAXIMUS! IHR HABT FABELHAFTE MUSKELN! WIE HERKULES SELBST.
WARTET DRAUSSEN, BIS ICH MIT DEM BODYBUILDING FERTIG BIN!
VON WEGEN MUSKELN UND HERKULES. WO ER DOCH IN WAHRHEIT JULIUS MINIMUM HEISST! UND DER MASSEUR HAT SICH MIT DIESEM GESÄUSEL UND GEQUATSCHE SEINE FREIHEIT VERDIENT.
DA KANNST DU MAL SEHEN!
FRÜHER WAR DIESER SÜSSHOLZRASPLER NOCH SEIN SKLAVE!
WARTET, ICH BIN GLEICH SO WEIT!

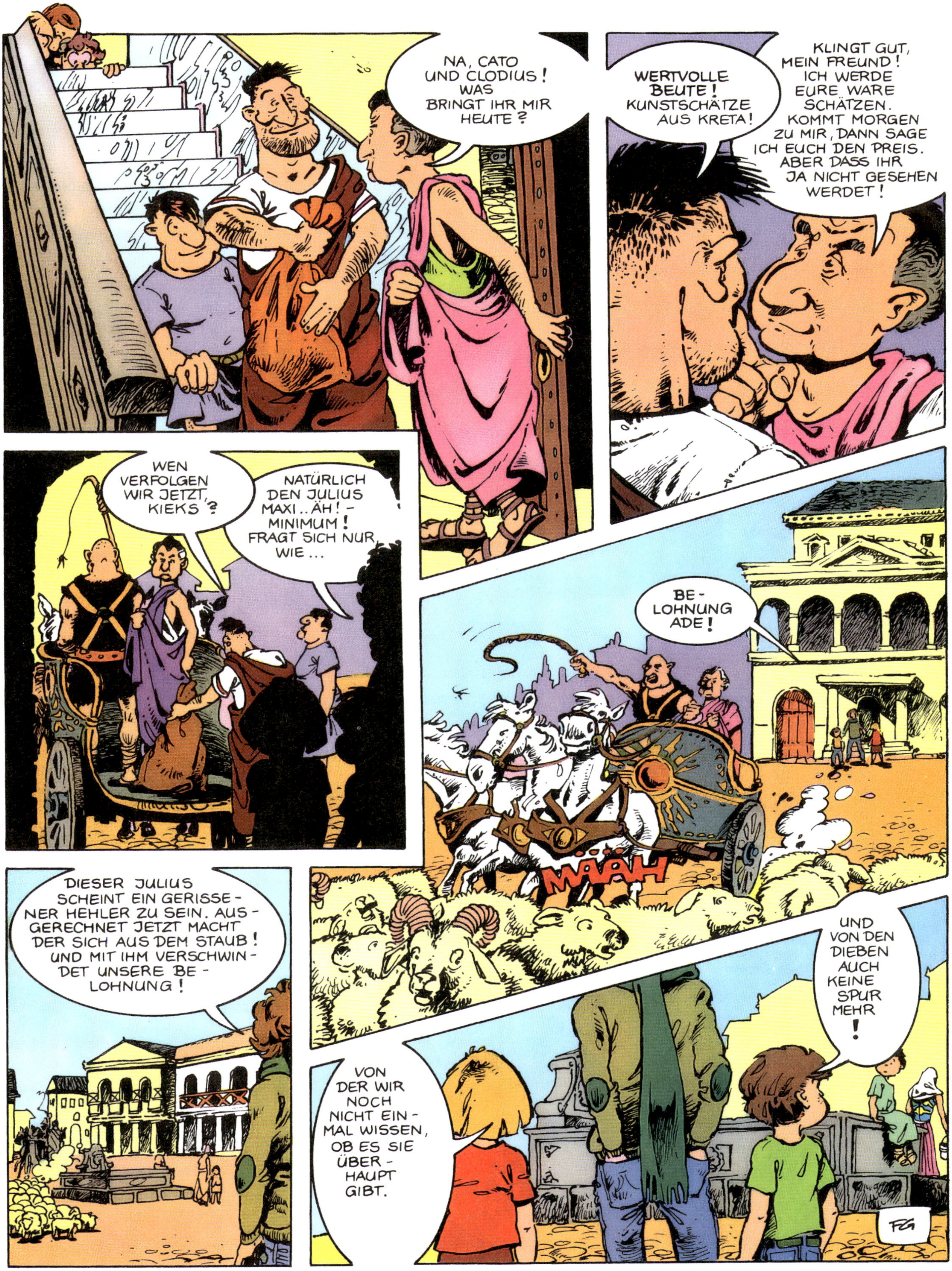

NA, CATO UND CLODIUS! WAS BRINGT IHR MIR HEUTE?
WERTVOLLE BEUTE! KUNSTSCHÄTZE AUS KRETA!
KLINGT GUT, MEIN FREUND! ICH WERDE EURE WARE SCHÄTZEN. KOMMT MORGEN ZU MIR, DANN SAGE ICH EUCH DEN PREIS. ABER DASS IHR JA NICHT GESEHEN WERDET!
WEN VERFOLGEN WIR JETZT, KIEKS?
NATÜRLICH DEN JULIUS MAXI..ÄH! - MINIMUM! FRAGT SICH NUR, WIE...
BE-LOHNUNG ADE!
MÄÄH
DIESER JULIUS SCHEINT EIN GERISSE-NER HEHLER ZU SEIN. AUS-GERECHNET JETZT MACHT DER SICH AUS DEM STAUB! UND MIT IHM VERSCHWIN-DET UNSERE BE-LOHNUNG!
UND VON DEN DIEBEN AUCH KEINE SPUR MEHR!
VON DER WIR NOCH NICHT EIN-MAL WISSEN, OB ES SIE ÜBER-HAUPT GIBT.

MIR KNURRT DER MAGEN!
MIR AUCH! ABER KEINE SESTERZE, UM ESSEN ZU KAUFEN!
BROT UND SPIELE GIBT'S DOCH UMSONST IN ROM! WISST IHR DAS NICHT? KOMMT MIT!
IN DER GARKÜCHE
ICH HEISSE MARCUS SIRIUS. MEIN VATER IST NOCH ALS SKLAVE AUS SYRIEN GEKOMMEN. ABER JETZT IST ER EIN FREIER MANN. UND IHR?
HAFERBREI UND BOHNEN! BIG MAC WÄR MIR LIEBER!
WIR SIND AUF DER JAGD NACH KUNST-RÄUBERN! SIE SIND UNS IM LETZTEN MOMENT ENTWISCHT. KANNST DU UNS VIELLEICHT HELFEN, EINEN GEWISSEN JULIUS MINIMUM ZU FINDEN?
DA BIN ICH DABEI! ABER EINEN JULIUS MINIMUM KENN' ICH NICHT! KOMMT, WIR GEHEN ZU DEN THERMEN UND FORSCHEN NACH IHM. DORT KANN MAN ALLERHAND ERFAHREN ...
UMSONST GESCHWITZT!
TROTZDEM! LASST UNS WEITERSUCHEN!
JULIUS MINIMUM? KENN' ICH NICHT!
?
MORGEN BEGINNEN DIE LUDI CIRCENSES: WAGENRENNEN, GLADIATOREN-KÄMPFE, TIERKÄMPFE. UND NERO SCHAUT AUS SEINER LOGE ZU.
CIRCUS MAXIMUS
FG

NERO ?! AUSGERECHNET IN SEINER ZEIT MUSSTEN WIR LANDEN!
DAS IST DOCH DIESER SCHRECKENS-KAISER ...
... DER ROM ANGE-ZÜNDET HAT!
STILL! SONST SIND WIR VERLOREN!
HEA!
OH SCHRECK! DER PANTHER REISST SICH LOS !!
NICHTS WIE WEG!
SCHNELL, IN DAS HAUS DA HINTEN!
BEIM JUPITER! ER FOLGT UNS!
FG

WAMM
EIN SCHWARZER PANTHER! RETTE SICH, WER KANN!
GLADIATOREN HERBEI! WER IHN FÄNGT, IST FREI!
OB SIE IHN ERWISCHEN?
AH!
DER KAMPF IST SPANNEND
DAS WAR EIN TREFFLICHES SCHAUSPIEL! DAFÜR SOLLT IHR DIE FREIHEIT HABEN.
DER DA MUSS EIN SENATSADELIGER SEIN ... EIN GANZ MÄCHTIGER HERR!
JA, DAS IST CLAUDIUS ADLATUS. EIN MANN MIT EINFLUSS UND GELD.
DA FÄLLT ES BESTIMMT NICHT WEITER AUF, WENN WIR UNS ERST MAL MIT ESSEN VER-SORGEN!
FG

OH! STRAUSSENBEIN! PRIMA!
STRAUSSENBEIN?!
HAST DU SCHON GEHÖRT, MEINE LIEBE? NERO SELBST WIRD MORGEN EINEN WAGEN LENKEN. DA STEHT DER GEWINNER SCHON FEST, WIE JEDER WEISS.
WOHER HAST DU DIESEN KOSTBAREN SCHMUCK, LYDIA?!
ACH, DEN HAT ALYPIUS BEI EINEM HÄNDLER IN DER VORSTADT GEKAUFT ... BEIM GROSSEN AQUÄDUKT.
JULIUS MINIMUM SOLL ER HEISSEN ...
WARTE, ICH WILL DOCH NOCH VOM THUNFISCH MIT HONIG UND DATTELN PROBIEREN!
SPÄTER, LUZIE! ICH HABE NEUIGKEITEN. ICH WEISS, WO JULIUS, DIESES MINIMUM, STECKT.
KURZ DARAUF
DA IST DER AQUÄDUKT. HIER MUSS ER IRGENDWO WOHNEN.
AQUÄDUKT?
DIE WASSERLEITUNG! ÜBER DEN AQUÄDUKT WERDEN DIE BRUNNEN UND DIE BADEZIMMER UND SOGAR DIE WASSERKLOS VERSORGT. DER WASSERVERBRAUCH IST HOCH IM ALTEN ROM.
DIE VIER LEGEN SICH ERST MAL AUF DIE LAUER, UM DIE LAGE ANZUPEILEN ...
EIN BETRIEB IST DAS HIER! WIE IM SOMMERSCHLUSSVERKAUF!
IST IMMER SO! ROM WIMMELT VON MENSCHEN, UND JEDEN TAG KOMMEN NEUE DAZU! ES GIBT SCHON NICHT MEHR GENUG WOHNUNGEN, UND DIE ARMEN SCHLAFEN IN DEN KATAKOMBEN ...
FG

KENNST DU EINEN GEWISSEN JULIUS MINIMUM?
NEIN ...
DAS IST DOCH SEIN KUTSCHER DA HINTEN! DER HAT DEN SACK MIT DER BEUTE TRANSPORTIERT!
WOHNT DORT JULIUS MINIMUM?
GANZ RECHT! JULIUS, DER SCHMUCK-HÄNDLER!
UND JETZT?
JETZT HOLEN WIR DIE POLIZEI!
KURZ DARAUF
UND DU BIST SICHER, DASS ER DIEBESGUT ÜBERNAHM?
SO WAHR ICH KIEKS HEISSE!
UND WO BLEIBT DIE BELOHNUNG?
ABWARTEN!
ERST MAL HÖREN, WEM DAS ZEUG GESTOHLEN WURDE ...

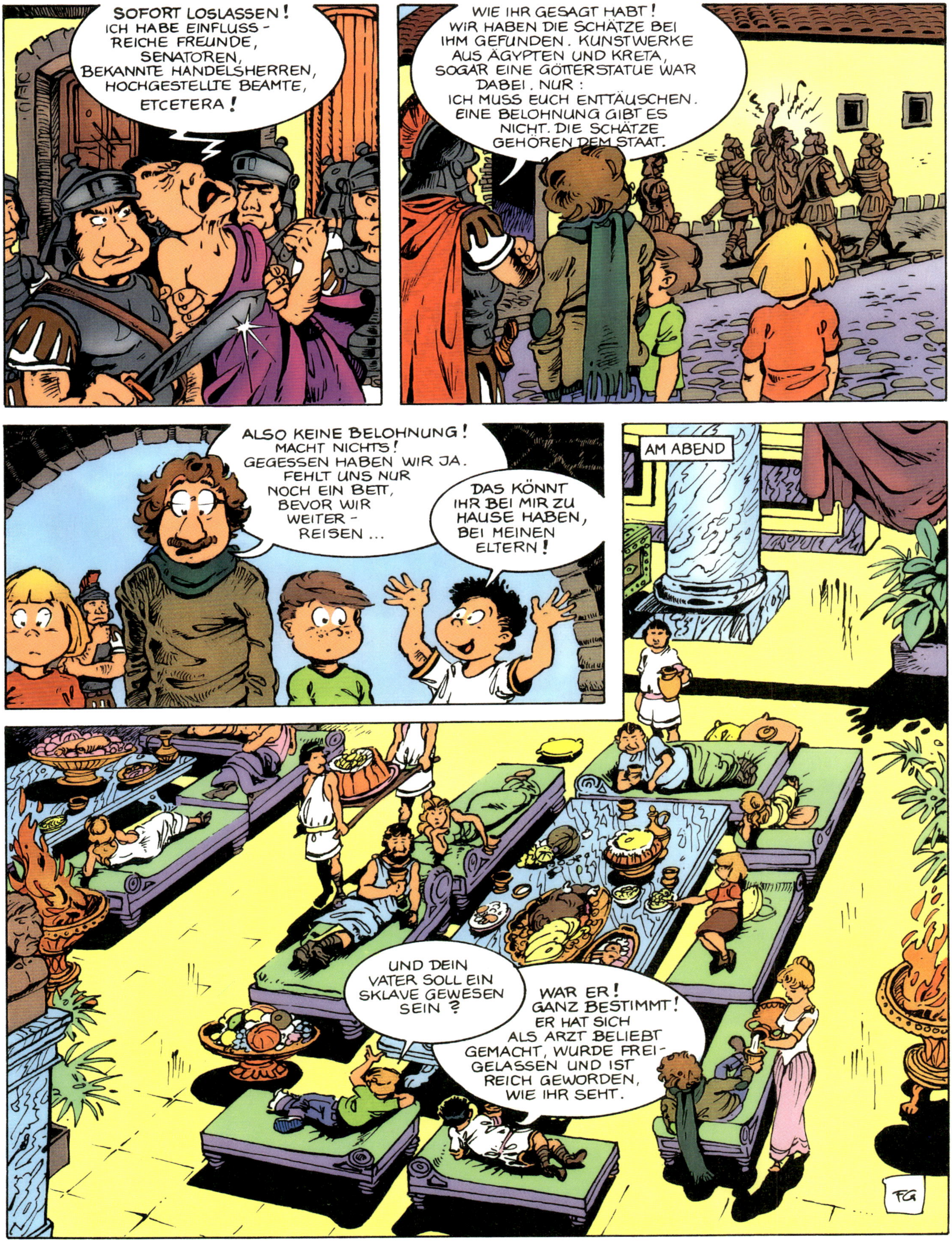
SOFORT LOSLASSEN! ICH HABE EINFLUSS-REICHE FREUNDE, SENATOREN, BEKANNTE HANDELSHERREN, HOCHGESTELLTE BEAMTE, ETCETERA!
WIE IHR GESAGT HABT! WIR HABEN DIE SCHÄTZE BEI IHM GEFUNDEN. KUNSTWERKE AUS ÄGYPTEN UND KRETA, SOGAR EINE GÖTTERSTATUE WAR DABEI. NUR: ICH MUSS EUCH ENTTÄUSCHEN. EINE BELOHNUNG GIBT ES NICHT. DIE SCHÄTZE GEHÖREN DEM STAAT.
ALSO KEINE BELOHNUNG! MACHT NICHTS! GEGESSEN HABEN WIR JA. FEHLT UNS NUR NOCH EIN BETT, BEVOR WIR WEITER-REISEN ...
DAS KÖNNT IHR BEI MIR ZU HAUSE HABEN, BEI MEINEN ELTERN!
AM ABEND
UND DEIN VATER SOLL EIN SKLAVE GEWESEN SEIN?
WAR ER! GANZ BESTIMMT! ER HAT SICH ALS ARZT BELIEBT GEMACHT, WURDE FREI-GELASSEN UND IST REICH GEWORDEN, WIE IHR SEHT.
FG

WOHER KOMMT IHR NOCH MAL?
AUS ANDEREN ZEITEN! AUS DER ZUKUNFT!
DAS GEHT ÜBER MEINEN HORIZONT! WIE EINER AUS DER ZUKUNFT IN DIE VERGANGENHEIT REISEN KANN!
HA HA HA
DASS EURE SELTSAME GESCHICHTE JA NICHT NERO ZU OHREN KOMMT! SONST LÄSST ER EUCH GLEICH IM CIRCUS MAXIMUS AUFTRETEN, ALS BESONDERE ATTRAKTION!
MORGEN WERDEN WIR WEITERFLIEGEN... IN NEUE ZEITEN!
DANKE FÜR DEN NETTEN ABEND! GUTE NACHT!
AM NÄCHSTEN MORGEN AUF DER VIA APPIA
HIER GEHT'S LANG!
DA HABEN WIR DEN ZEITFLITZER VERSTECKT.
FG

AM BESTEN, WIR LASSEN UNS ZUM GROSSEN AQUÄ-DUKT TRAGEN! DORT KÖNNTEN WIR PRIMA STARTEN.
SALVETE! LASST ES EUCH GUTGEHEN!
SERVUS!
ARRIVEDERCI ROMA!
AUF IN DIE ZUKUNFT!

SO LEBTEN DIE ALTEN RÖMER

Das alte Rom stellt sich vor

Bestimmt weißt du, dass Rom in Italien liegt. Die Stadt ist enorm alt. Sie wurde wahrscheinlich vor fast 3000 Jahren gegründet. Mit der Zeit eroberten die römischen Soldaten, die Legionäre, immer mehr Land, sodass das Römische Reich entstand.

Es war knapp 680 Jahre lang, nämlich vom Jahr 202 vor Christus bis zum Jahr 476 nach Christus, das mächtigste Reich der Erde. Am größten war es im Jahr 117. Damals reichte es von Portugal bis in den heutigen Irak und von Schottland bis zum Sudan.

Die Stadt Rom

Das Zentrum des Römischen Reiches war die Stadt Rom. Kannst du dir vorstellen, dass es dort damals schon fließendes Wasser und Fußbodenheizungen gab? Allerdings verfügten nur die Reichen über solchen Luxus. Die Armen mussten in engen Mietshäusern ohne Heizung wohnen und sich ihr Wasser vom Brunnen in der Straße holen.

Schon gewusst?

Nach mehreren Stadtbränden verbot man den Armen, in ihren eigenen Wohnungen zu kochen. Man hatte Angst, dass die Kochfeuer neue Brände auslösen könnten. Also mussten die Menschen ihr Essen in schmuddeligen, billigen Straßenküchen kaufen.

Die römische Politik

Am Anfang war Rom eine Republik. Die Regierung wurde also vom Volk gewählt. Aber die Stimmen

So sieht Rom heute aus.

der Reichen zählten viel mehr als die der Armen. Im Jahr 27 vor Christus wurde Rom dann ein Kaiserreich. In der Zeit, die Max und Luzie besuchen, regierte der grausame Kaiser Nero (37–68). Angeblich soll er sogar jemanden beauftragt haben, Rom anzuzünden, um die Stadt danach schöner und größer wieder aufzubauen. Die Wissenschaftler sind sich heute aber darüber einig, dass dies nicht stimmt.

Das Forum Romanum – hier fand im antiken Rom die Politik statt.

Thermen und Spiele

Aber es gab auch Kaiser, die sich beim Volk beliebt machen wollten. Sie ließen riesige, luxuriöse Bäder bauen, die Thermen. Und stell dir vor: Sie kosteten keinen Eintritt! Andere Kaiser oder reiche Bürger veranstalteten Spiele im Zirkus. Hier traten Kämpfer, sogenannte Gladiatoren, gegeneinander an oder kämpften gegen wilde Tiere, wie Löwen. Die Gladiatoren konnten dabei getötet werden, aber die Römer liebten solche grausamen Spektakel.

Zwei Gladiatoren beim Kampf

Die römische Gesellschaft

Eine andere grausame Sache, die es in Rom gab, war die Sklaverei. Die Sklaven waren bei den Eroberungen der Römer gefangen genommen worden. Manche reiche Römer hatten Hunderte oder sogar Tausende von Sklaven, die zum Beispiel auf riesigen Landgütern oder in Bergwerken schufteten.

Die Kinder reicher Leute hatten meistens gebildete griechische Sklaven als persönliche Hauslehrer. Manche Herren schenkten ihren Sklaven irgendwann die Freiheit. Dann konnten sie reiche und geachtete Bürger werden wie der Vater von Marcus Sirius in der Geschichte.

Bei einer „Orgie“ wurde im Liegen und mit den Fingern gegessen.

Max & Luzie
Bei den Germanen

So fing die Geschichte an...
KIEKS, SEINES ZEICHENS ERFINDER ...
HALLO, KOMMT REIN, IHR ZWEI!
PATENT
ALBERT
LÄDT SEINE FREUNDE MAX UND LUZIE EIN, ...
STARK!
SEINE NEUESTE KONSTRUKTION ZU TESTEN: EIN LUFTFAHRRAD NACH TANDEM-ART MIT EINGEBAUTEM GEHEIMNIS.
SCHNELLER TRETEN, SONST KOMMEN WIR NICHT WEIT GENUG ZURÜCK!
??
HÄ?
ERST IN DER LUFT VERRÄT KIEKS, WAS ER VORHAT:
DAS DING HAT EINE ZEIT-SUPER-AUTOMATIK! JEDER TRITT IN DIE PEDALE FÜHRT DIE PASSAGIERE WEIT IN DIE VERGANGENHEIT ZURÜCK!
MAX UND LUZIE SIND BEGEISTERT...
HURRA!! AUF IN DIE WELTGESCHICHTE! MAL SEHEN, WO WIR LANDEN!
FRANZ GERG

58 VOR CHRISTUS, IRGENDWO ÜBER DEN URWÄLDERN UND SÜMPFEN AUF DER RECHTEN SEITE DES RHEINS BRAUT SICH EIN UNWETTER ZUSAMMEN ...
BRUOOOOMBUMM
KRRRRRACH
VORSICHT! ZIEHT DIE KÖPFE EIN!
NUR KEINE PANIK, IRGENDWIE KOMMEN WIR SCHON RUNTER!
RICHTIG! NACH EINEM KURZEN, HEFTIGEN WINDSTOSS...
HE?!
BRRRRAOOOOOUUMM
SPLITTER
KNIRSCH

EIN WEILCHEN SPÄTER, DER STURM HAT SICH SCHON WIEDER BERUHIGT; IM GEGENSATZ ZU MAX ...
STIMMT ABSOLUT! IRGENDWIE SIND WIR NOCH IMMER RUNTERGEKOMMEN! ICH MÖCHTE ABER NUR EINMAL ERLEBEN, DASS ES KEINE BRUCHLANDUNG WIRD!
ALSO, DIESMAL WAR'S ABER EINDEUTIG HÖHERE GEWALT.
DU HAST AUCH IMMER EINE BLÖDE ENTSCHULDIGUNG AUF LAGER!
HÖRT AUF ZU STREITEN! WIR SOLLTEN UNS LIEBER ÜBERLEGEN, WIE WIR HIER WIEDER RAUSKOMMEN!
VON OBEN WAR NUR WALD ZU SEHEN, SO WEIT DAS AUGE REICHT - KEINE MENSCHENSEELE WEIT UND BREIT!
WENN ICH DAS RICHTIG SEHE, MÜSSTEN HIER UNSERE AHNEN, DIE GERMANEN, HAUSEN. IRGENDWO WERDEN WIR SCHON AUF SIE TREFFEN.
AHA, IRGENDWO! UND WANN? VIELLEICHT IRGENDWANN, ODER WIE?
NACHDEM DAS LUFTMOBIL EINIGERMASSEN SAUBERGEMACHT UND VERPACKT IST, MACHEN SICH DIE DREI AUF DEN WEG ...
WENN IHR MICH FRAGT, HIER IST NIEMAND... TOTAL TOTE HOSE!

MAX KANN NICHT WISSEN, DASS EIN PAAR STEINWÜRFE WEITER NOCH JEMAND AUF DER SUCHE NACH DEN GERMANEN IST...
WENN WIR DAS GERMANENDORF, DAS WIR AUSSPÄHEN SOLLEN, NICHT BALD FINDEN, GEHN MIR DIE KICHERERBSEN AUS.
!
KICHERERBSEN ?! DAS DARF DOCH NICHT WAHR SEIN! KIESELSTEINE, HAB ICH GESAGT, DU SOLLST KIESELSTEINE FÜR DIE WEGMARKIERUNG NEHMEN!
DIE KICHERERBSEN FRESSEN DOCH DIE VÖGEL, DU IDIOT!
ACH SO!
UND WIE SOLLEN WIR JETZT WIEDER INS LAGER ZURÜCKFINDEN, HE ?!
UND WENN DIE GERMANEN KOMMEN? ICH HAB GEHÖRT, SIE SIND SCHRECKLICH WILDE UNGE-HEUER! BÄRENSTARK, RIESIG GROSS, UND MIT HÖRNERN AUF DEN KÖPFEN!
PAH, IHR SEID JA HASENFÜSSE! ICH HAB KEINE ANGST VOR DEN BARBAREN, ICH NICHT! SOLLEN SIE DOCH KOMMEN!
RÖMISCHE LEGIONÄRE! WAS MACHEN DIE DENN HIER?

DIE GE-
DIE GE-
DIE GEGE-
NANU? SEH ICH DENN SO ZUM FÜRCHTEN AUS?
DU HÄTTEST SIE HÖFLICHER BEGRÜSSEN KÖNNEN! JETZT HAST DU SIE VERSCHEUCHT, UND WIR STEHN WIEDER ALLEIN IM WALD!
DU KANNST DICH WIEDER ABREGEN! ICH SEH NÄMLICH ETWAS, WAS IHR NICHT SEHT...
DAHINTEN IST NOCH JEMAND!
SCHNARCH!
NA DANN NICHTS WIE HIN!
... BEVOR DER AUCH NOCH WEGLÄUFT!
DIESMAL GEH ABER ICH VORAN. SONST GEHT'S WIEDER SCHIEF!
SELTSAM! WAS SOLL DENN DIESER STRICK..?
SCHNORCH!
KRAAAK
!?!

ÖHA! ICH HAB WOHL EINEN FANG GEMACHT! UND DAS JETZT, WO ICH GERADE SO SCHÖN VON ODINS TAFEL GETRÄUMT HAB.
UAAAAAH! DANN WOLLEN WIR MAL SEHEN, OB SICH DIE SCHWERE ARBEIT GELOHNT HAT!
?
HE, IHR FAULENZER, TAGEDIEBE UND QUARTALSSÄUFER! ALLE MAL HERKOMMEN! HELFT MIR MEINE FALLE LEEREN!
KURZ DARAUF SIND KIEKS, MAX UND LUZIE VON EINER WILDEN HORDE UMZINGELT...

OH MANN, JETZT HABEN WIR DEN SCHLAMASSEL!
DIESMAL KANN ICH ABER NUN WIRKLICH NICHTS DAFÜR, VERFLIXT UND ZUGENÄHT!
BALD DARAUF WIRD AUF DEM DORFPLATZ DIE SELTSAME JAGDBEUTE BEGUTACHTET...
WAS HAST DU DENN DA GEFANGEN, BEIM LOKI?!
WILDSCHWEINE SIND'S NICHT, DAZU SIND SIE ZU KLAPPRIG, HA HAHA!
?!
RÖMER KÖNNEN'S AUCH KEINE SEIN. SIE SCHEPPERN NICHT!
HO HO HO HO HO HO
TOK TOK
DANN VERSUCHT IHR DOCH, ES BESSER ZU MACHEN! IHR HABT JA SCHLIESSLICH DIE GANZE NACHT VERSOFFEN UND DEN TAG VERSCHLAFEN, UND OHNE MICH HÄTTEN WIR GAR NICHTS GEFANGEN!
SCHON GUT, SCHON GUT! WAR NICHT SO GEMEINT!

UND WAS MACHEN WIR JETZT MIT UNSERER BEUTE, HÄ?
EINS STEHT FEST: ESSEN KÖNNEN WIR DIE NICHT!
DANN OPFERN WIR SIE EBEN DEN GÖTTERN!
GUTE IDEE!
WIRD EH' ZEIT, DASS WIR MAL WIEDER EIN OPFER BRINGEN!
AM BESTEN, WIR WERFEN SIE INS OPFERMOOR!
INS MOOR! NICHT SCHON WIEDER!
OH NEIN, OH NEIN! DA BIN ICH DAGEGEN!
?
?
?
UND WIESO, WENN ICH FRAGEN DARF?
WEIL SIE ZU MICKRIG SIND! WOMÖGLICH SIND DIE GÖTTER BELEIDIGT, WENN WIR IHNEN SO MICKRIGE OPFER BRINGEN. UND DANN LASSEN SIE AUS RACHE DAS UNGLÜCK ÜBER UNS KOMMEN!
GENAU DAS MEINE ICH AUCH: WIR SIND ZU MICKRIG!
BESSER, EIN MICKRIGES OPFER, ALS GAR KEIN OPFER, SAG ICH! DER GUTE WILLE ZÄHLT!
ALSO ICH FINDE NICHT, DASS ICH MICKRIG BIN!

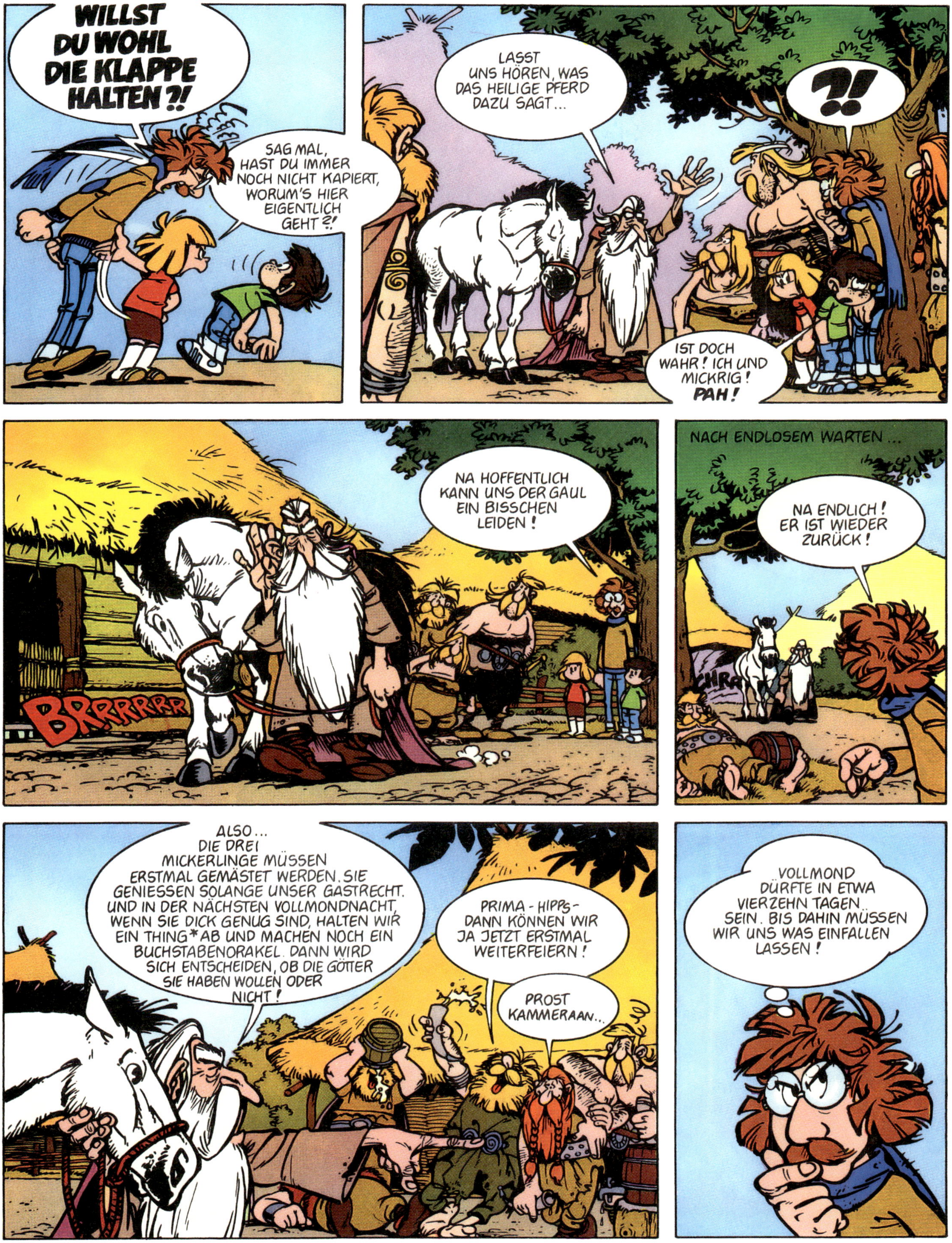

* VERSAMMLUNG

DANN SEID IHR ZUERST MEINE GÄSTE! UND NACH DREI TAGEN REICHE ICH EUCH WEITER!
IHR WISST JA, GÄSTE SIND WIE FISCHE – NACH DREI TAGEN FANGEN SIE ZU STINKEN AN!
HALLO, SCHÄTZCHEN! SCHAU DOCH MAL, WEN ICH MITGEBRACHT HABE!
SCHON WIEDER GÄSTE!! UND WOVON, BITTE SEHR, SOLL ICH DIE SATT KRIEGEN?
A-ABER LIEBSTES WEIB, DU WEISST DOCH, DAS GASTRECHT VERLANGT...
...EINE MORDS-FAHNE HAST DU AUCH SCHON WIEDER! SEIT DREI TAGEN HAST DU NUR BIER GETRUNKEN UND KEIN EINZIGES SCHWERT GESCHMIEDET!
UND HIER, DEIN BÄRENFELL: ICH FLICK ES SCHON ZUM XTEN MAL! KANNST DU NICHT MAL EINEN NEUEN PELZ FANGEN GEHEN?!
DIE GIBT IHM ZUNDER, HIHI!

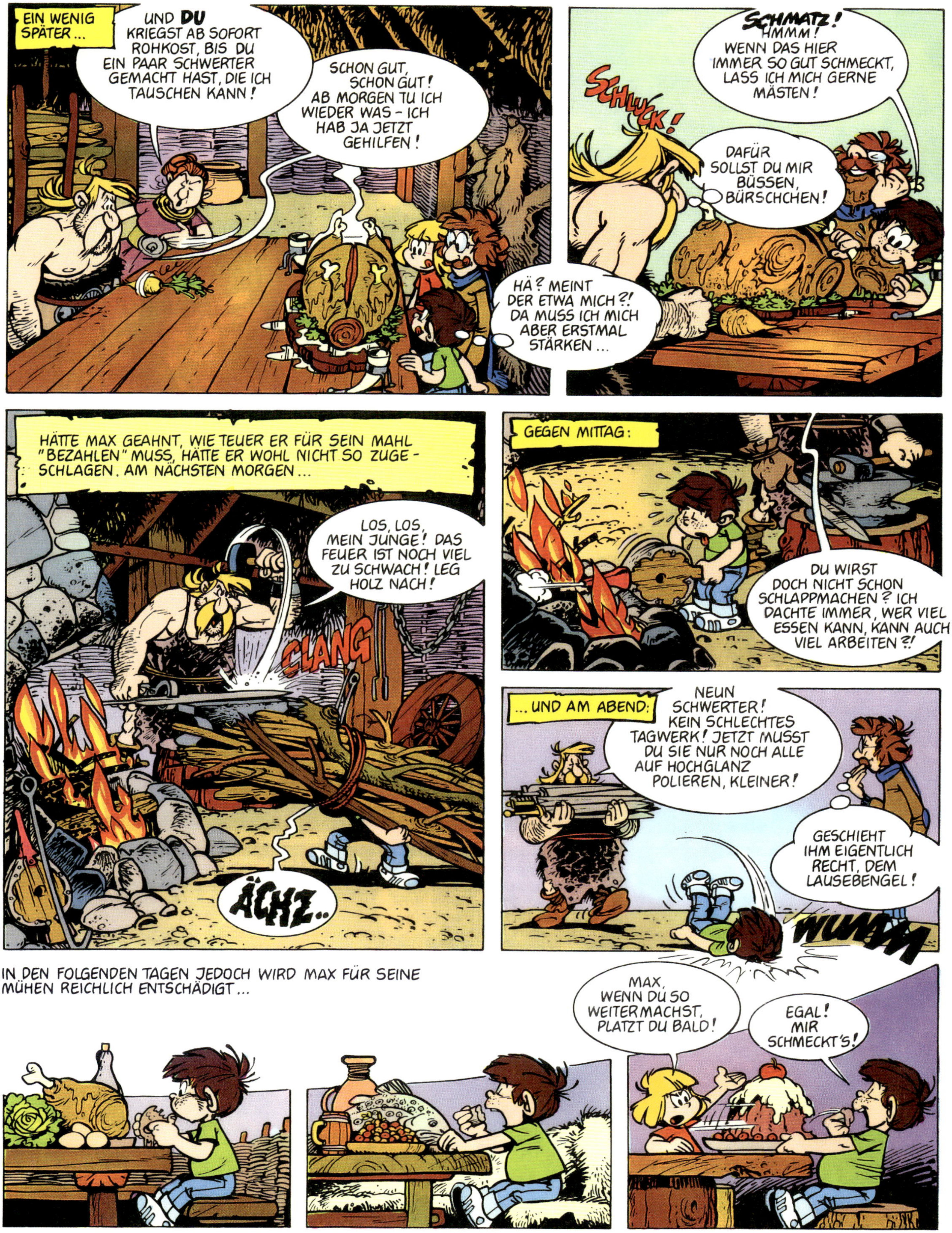
EIN WENIG SPÄTER ...
UND DU KRIEGST AB SOFORT ROHKOST, BIS DU EIN PAAR SCHWERTER GEMACHT HAST, DIE ICH TAUSCHEN KANN!
SCHON GUT, SCHON GUT! AB MORGEN TU ICH WIEDER WAS – ICH HAB JA JETZT GEHILFEN!
HÄ? MEINT DER ETWA MICH?! DA MUSS ICH MICH ABER ERSTMAL STÄRKEN ...
SCHMATZ! HMMM! WENN DAS HIER IMMER SO GUT SCHMECKT, LASS ICH MICH GERNE MÄSTEN!
SCHLUCK!
DAFÜR SOLLST DU MIR BÜSSEN, BÜRSCHCHEN!
HÄTTE MAX GEAHNT, WIE TEUER ER FÜR SEIN MAHL "BEZAHLEN" MUSS, HÄTTE ER WOHL NICHT SO ZUGESCHLAGEN. AM NÄCHSTEN MORGEN ...
LOS, LOS, MEIN JUNGE! DAS FEUER IST NOCH VIEL ZU SCHWACH! LEG HOLZ NACH!
CLANG
ÄCHZ..
GEGEN MITTAG:
DU WIRST DOCH NICHT SCHON SCHLAPPMACHEN? ICH DACHTE IMMER, WER VIEL ESSEN KANN, KANN AUCH VIEL ARBEITEN?!
... UND AM ABEND:
NEUN SCHWERTER! KEIN SCHLECHTES TAGWERK! JETZT MUSST DU SIE NUR NOCH ALLE AUF HOCHGLANZ POLIEREN, KLEINER!
GESCHIEHT IHM EIGENTLICH RECHT, DEM LAUSEBENGEL!
WUMM
IN DEN FOLGENDEN TAGEN JEDOCH WIRD MAX FÜR SEINE MÜHEN REICHLICH ENTSCHÄDIGT ...
MAX, WENN DU SO WEITERMACHST, PLATZT DU BALD!
EGAL! MIR SCHMECKT'S!

DOCH DER VOLLMOND RÜCKT UNERBITTLICH NÄHER – NOCH EINE NACHT, UND DAS SCHICKSAL VON KIEKS, MAX UND LUZIE WIRD SICH ENTSCHEIDEN ...
ALSO, MICH OPFERN SIE BESTIMMT, WENN ICH MICH SO ANSEHE!
DU HAST JA NICHT AUF MICH HÖREN WOLLEN!
DIE GERMANEN SIND MAL WIEDER VOLL BIS OBEN HIN. WENN WIR NUR NICHT SO DICKE BÄUCHE HÄTTEN, KÖNNTEN WIR UNS DURCHS FENSTER VERDRÜCKEN. ABER SO... KEINE CHANCE!
ICH VERSUCH'S TROTZDEM! HEBT MICH MAL ZUM FENSTER RAUF!
HILFE, ICH STECKE FEST! ZIEHT MICH WIEDER RAUS HIER, SCHNELL!
HAUUUUU-RUCK!
JETZT ZIEHT DOCH ENDLICH! ICH WILL NICHT IN DIESEM FENSTERLOCH ÜBERNACHTEN!
HMGNNNNN... ES GEHT NICHT! DU BIST ZU DICK, MAX!
HAUUUU R...
PLOPP
!
HALLOO, DA BIN ICH WIEDER! WAR DOCH 'NEN VERSUCH WERT, ODER?
ABER STELLT EUCH VOR, WIE ICH DA SO DRAUSSEN HÄNGE, HAB ICH MITTEN IM DORF EIN PAAR SO BLECHBÜCHS... -ÄH- RÖMER RUMSCHLEICHEN SEHEN!
WAAAS? DAS GIBT'S DOCH NICHT!
TATSÄCHLICH!

DIE SIND STURZTRUNKEN, HI HI!
ALSO MACHEN WIR MORGEN FRÜH UNSEREN ANGRIFF. DIE SCHLACHT IST SO GUT WIE GEWONNEN! DAS GIBT EIN BÖSES ERWACHEN, HE, HE!
RRRRR
SCHNORCH
!
HABT IHR DAS GEHÖRT? MORGEN FRÜH WOLLEN DIE RÖMER DAS DORF ÜBERFALLEN!
AU WEIA! UND DIE GERMANEN AHNEN NICHTS DAVON!
DA MÜSSEN WIR DOCH IRGENWAS TUN! ABER WAS?
ALSO, WENN ICH MICH RECHT ERINNERE, DANN WAREN AUCH DIE RÖMER SEHR ABERGLÄUBISCH...
ABER JA! DARAUS MÜSSTE MAN WAS MACHEN KÖNNEN!
LUZIE, VERSUCH DU MAL, DURCHS FENSTER ZU KOMMEN. UND WENN DU'S SCHAFFST, DANN SCHAUST DU, OB DU BEI DEN GERMANEN NOCH EIN FÄSSCHEN HONIGBIER FINDEST. UND DANN...
WISPER, WISPER...
IST GEBONGT!
GLEICH DARAUF
DAS SOLL MAL EINER VERSTEHEN! JETZT IST SIE DRAUSSEN, UND ANSTATT UNS ZU BEFREIEN, SCHLEICHT SIE SICH DAVON, DIE DUMME NUSS!
DAS IST SCHON IN ORDNUNG, MAX. SIE HAT VORHER NOCH WAS WICHTIGES ZU ERLEDIGEN, HI HI!
LUZIE HAT INZWISCHEN DAS RÖMERLAGER GEFUNDEN, UNWEIT VOR DEN TOREN DES GERMANISCHEN DORFES...
DA IST JA, WAS ICH SUCHE: VORM ZELT DES ZENTURIO! GENAU WIE KIEKS GESAGT HAT!

PUUUH ... HOFFENTLICH HABEN DIE RÖMER AUCH SO'NEN GUTEN SCHLAF WIE DIE GERMANEN!
SPQR
CHRR
CHRRRRR
SO, DAS GANZE JETZT GUT MIT HONIGBIER BEGIESSEN ...
... UND WIEDER HINSTELLEN WIE'S WAR! FERTIG!
DIE RÖMISCHEN WACHEN SCHEINEN AUCH NICHT DIE HELLSTEN ZU SEIN! KEINER HAT WAS GEMERKT, HI HI!
WENIG SPÄTER ...
NA ENDLICH! WURDE ABER AUCH ZEIT!
SO, JETZT BRAUCHEN WIR NOCH EIN RUHIGES PLÄTZCHEN MIT GUTER AUSSICHT!
?

KURZ NACH SONNENAUFGANG ...
TUUUUUUUUUUUUUUUT
TUUUUUUUUUUUUUUUT
AUWEH! MEIN KOPF!!
RUHE BITTE! -NUR NOCH EIN VIERTEL-STÜNDCHEN!
ZUR HEL* MIT DIESEN KRAWALL-MACHERN!
SIEGLINDE, SCHICK DIE KINDER WEG, DIE MACHEN ZU VIEL LÄRM!
* GERMANISCHE TOTENGÖTTIN
BARBAREN, WIR FORDERN EUCH ZUR SCHLACHT! WO IST EUER AN-FÜHRER!?
WWIE BITTE, WWAS IS' LOS?
HI-HIER BIN ICH. ÄH... WAS GIBT'S DENN, RÖMER?
KEINER SOLL DEN RÖMERN NACHSAGEN, SIE SEIEN UNFAIR: WIR GEBEN EUCH 15 MINUTEN ZEIT, EUCH ZU BEWAFFNEN!
HI HI! GESCHIEHT IHNEN RECHT, DEN TRUNKEN-BOLDEN!
GUNHILD! SO HILF MIR DOCH! WO HAB ICH MEIN SCHWERT GELASSEN?
SCHNELL! MEINEN SCHILD! WO IST MEIN SCHILD?
RÖMER SO FRÜH AM MORGEN KANN ICH NICHT AUS-STEHEN!

* SCHUTZGEISTER

DOCH ALLE APPELLE DES ZENTURIO VERHALLEN UNGEHÖRT ...
OH VERD...!
?
HAHAHA! DEINE KRIEGSLIST WAR EIN HAMMER, KIEKS!
DASS UNTER DIESEN UMSTÄNDEN DAS THING, DAS NOCH IN DER GLEICHEN VOLLMONDNACHT STATTFINDET, ZUGUNSTEN VON KIEKS, MAX UND LUZIE AUSFÄLLT, KANN MAN SICH DENKEN ...
... UND SO GLAUBE ICH, DASS DIE DREI MICKERLINGE VON DEN GÖTTERN GESANDT WURDEN, UM UNS AUS GROSSER GEFAHR ZU RETTEN! WIR SOLLTEN UNS ALSO BEI DEN GÖTTERN NICHT UNBELIEBT MACHEN UND IHRE BOTEN WEITERZIEHEN LASSEN!
DAS SOLLTEN WIR MIT EINEM SCHÖNEN FESTMAHL FEIERN, FINDET IHR NICHT?
OH, ÄH, NEIN DANKE, ICH GLAUBE, MIR IST SCHON SCHLECHT!
?
ALSO, WORAUF WARTET IHR NOCH? AUF INS NÄCHSTE ABENTEUER!
F. GERG

SO LEBTEN DIE GERMANEN

Die Germanen stellen sich vor

Als Germanen fasst man verschiedene Stämme zusammen, die im Altertum im heutigen Deutschland, aber auch in den Niederlanden, Belgien, Skandinavien und Osteuropa lebten. All diese Gebiete waren damals ein ziemlich wildes Land, das hauptsächlich aus undurchdringlichen Wäldern und Sümpfen bestand. Die einzelnen Stämme hatten deshalb wenig miteinander zu tun. Es gab auch keine gemeinsame germanische Regierung, sondern jeder Stamm hatte seinen eigenen Häuptling.

Die germanische Gesellschaft

Aber auch die Häuptlinge hatten bei den Germanen nicht so besonders viel zu sagen. Die meisten Dinge regelte jede Familie für sich. Nur wenn eine Angelegenheit den ganzen Stamm anging, trafen sich alle Männer zu einer Beratung, dem sogenannten Thing, und entschieden gemeinsam. Frauen durften nicht am Thing teilnehmen. Der Römer Tacitus (um 58–120) hat ein ganzes Buch über die Germanen geschrieben. Und darin berichtet er, dass die germanischen Frauen ziemlich energisch waren und sich wenig von ihren Männern gefallen ließen.

So kannst du dir einen Thingplatz vorstellen.

So sahen die Dörfer der Germanen aus.

Schon gewusst?
Was meinst du, konnte sich ganz Germanien gegen die Eroberung der Römer wehren? Nein! Die Gebiete am Rhein und südlich der Donau standen unter römischer Herrschaft. Viele Städte dort, wie Köln, Mainz, Augsburg, Regensburg, wurden von den Römern gegründet. Dort lebte man natürlich viel komfortabler als in den germanischen Wäldern.

Die germanische Religion

Weißt du, wer Odin ist? Er gilt als der höchste Gott der alten Germanen. Ihm wurden manchmal sogar Menschenopfer dargebracht. Man hängte die Opfer in heiligen Hainen, das sind kleine Wäldchen,

Der höchste Gott der Germanen war Odin.

auf oder warf sie ins Moor, wo sie versanken. Andere wichtige Götter waren Thor, der Donnergott, oder Loki, der Feuergott.

Jagd und Krieg

Die meisten Germanen waren Bauern. Doch in dem sumpfigen, waldigen Germanien war es harte Arbeit, Felder anzulegen und zu bestellen. Deshalb spielte auch die Jagd eine Rolle. Da in den germanischen Wäldern viele große und gefährliche Tiere, wie Bären, Wölfe, Wildschweine und Auerochsen, lebten, lernte jeder Germane, gut mit seinen Waffen umzugehen.

Die Germanen waren tapfere Krieger.

Du kannst dir sicherlich vorstellen, dass ihn dies zu einem tapferen, gefährlichen Krieger machte. Dies bekamen die Römer später zu spüren.

Germanen und Römer

Etwa ab dem Jahr 60 vor Christus versuchten die Römer, Germanien zu erobern. Sie betrachteten die Germanen mit ihren langen Haaren, den wilden Bärten und der Fellkleidung als Barbaren, also als rohe, ungebildete Menschen, und glaubten, leichtes Spiel zu haben. Doch sie hatten sich geirrt.

Nach einer schweren Niederlage im Teutoburger Wald im Jahr 9 gaben die Römer ihre Eroberungsversuche schließlich auf. Bei der sogenannten Varusschlacht wurde ein Achtel des Römischen Heeres vernichtet. Du kannst dir sicher denken, dass die Römer danach von weiteren Eroberungszügen abließen.

Max & Luzie
Im Reich der Inka

So fing die Geschichte an…
KIEKS, SEINES ZEICHENS ERFINDER …
HALLO, KOMMT REIN, IHR ZWEI!
PATENT
ALBERT
LÄDT SEINE FREUNDE MAX UND LUZIE EIN, …
STARK!
SEINE NEUESTE KONSTRUKTION ZU TESTEN: EIN LUFTFAHRRAD NACH TANDEM-ART MIT EINGEBAUTEM GEHEIMNIS.
SCHNELLER TRETEN, SONST KOMMEN WIR NICHT WEIT GENUG **ZURÜCK!**
??
HÄ?
ERST IN DER LUFT VERRÄT KIEKS, WAS ER VORHAT:
DAS DING HAT EINE ZEIT-SUPER-AUTOMATIK! JEDER TRITT IN DIE PEDALE FÜHRT DIE PASSAGIERE WEIT IN DIE VERGANGENHEIT ZURÜCK!
MAX UND LUZIE SIND BEGEISTERT…
HURRA!! AUF IN DIE WELTGESCHICHTE! MAL SEHEN, WO WIR LANDEN!
FRANZ GERG

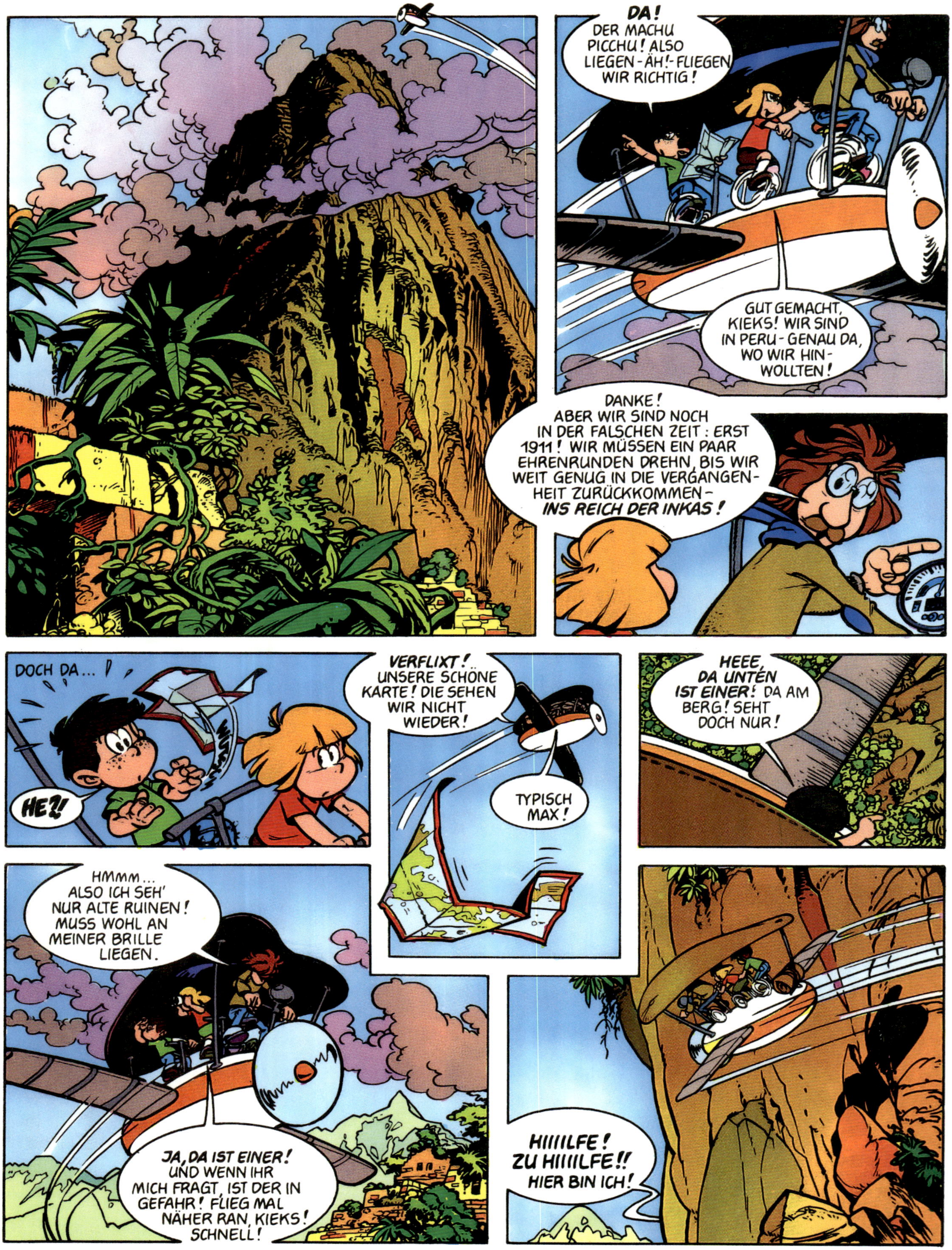
DA! DER MACHU PICCHU! ALSO LIEGEN - ÄH! - FLIEGEN WIR RICHTIG!
GUT GEMACHT, KIEKS! WIR SIND IN PERU - GENAU DA, WO WIR HIN-WOLLTEN!
DANKE! ABER WIR SIND NOCH IN DER FALSCHEN ZEIT: ERST 1911! WIR MÜSSEN EIN PAAR EHRENRUNDEN DREHN, BIS WIR WEIT GENUG IN DIE VERGANGEN-HEIT ZURÜCKKOMMEN - INS REICH DER INKAS!
DOCH DA...
HE?!
VERFLIXT! UNSERE SCHÖNE KARTE! DIE SEHEN WIR NICHT WIEDER!
TYPISCH MAX!
HEEE, DA UNTEN IST EINER! DA AM BERG! SEHT DOCH NUR!
HMMM... ALSO ICH SEH' NUR ALTE RUINEN! MUSS WOHL AN MEINER BRILLE LIEGEN.
JA, DA IST EINER! UND WENN IHR MICH FRAGT, IST DER IN GEFAHR! FLIEG MAL NÄHER RAN, KIEKS! SCHNELL!
HIIIILFE! ZU HIIIILFE!! HIER BIN ICH!

HILFEEE
DA VORNE IST ER! ER KANN SICH NICHT MEHR LANGE HALTEN! SCHNELL!
?!
HALTEN SIE AUS! WIR WOLLEN VERSUCHEN, IHNEN EIN SEIL ZUZUWERFEN!
DOCH DAZU IST ES ZU SPÄT...
KRAA-AAK
RAAAAAAAAAH!
PLUMS
GOOD LORD! DAS NENN' ICH TIMING!
TAUSEND DANK, LADIES AND GENTLEMEN, FÜR DIESE BRAVOURÖSE RETTUNG!
KEINE URSACHE! RETTUNGEN IN LETZTER SEKUNDE SIND UNSERE SPEZIALITÄT!
DORT UNTEN AM URUBAMBA IST UNSER BASISLAGER! UND EINE SCHMALE SCHNEISE ZUM LANDEN!
BASISLAGER?

KURZ DARAUF
GESTATTEN, MEIN NAME IST BINGHAM. ICH LEITE EINE EXPEDITION IN DIE VERGANGENHEIT, SOZUSAGEN. WIR SIND NÄMLICH AUF DER SUCHE NACH EINER VERSUNKENEN INKASTADT, DIE DORT OBEN AUF DEM BERG SEIN MUSS...
?
EXPEDITION IN DIE VERGANGENHEIT! **DA MACHEN WIR MIT!**
WIR WOLLTEN JA SOWIESO ZU DEN ALTEN INKAS...
???
ABENDS DANN, AM LAGERFEUER...
IM VERTRAUEN GESAGT: ICH VERMUTE, DASS IN DER VERSUNKENEN STADT AUCH DAS GOLD DER INKAS ZU FINDEN IST... ABER ICH MÖCHTE NICHT, DASS DIESE HISTORISCHEN SCHÄTZE IN FALSCHE HÄNDE GERATEN!
GOLD?!
...DESHALB DÜRFT IHR MIT **NIEMANDEM** ÜBER UNSERE NACHFORSCHUNGEN SPRECHEN!
GOLD! ICH HAB'S JA GEWUSST!
LOGO! WIR SCHWEIGEN!
GROSSES INDIANEREHREN-WORT!
JA KLAR! **DIE RUINEN!** ICH HABE DIE INKASTADT GESEHEN! DA OBEN AUF DEM BERG! ICH WEISS GENAU, WO ES IST!
ABER DAS WÄRE JA... **FABELHAFT!** KÖNNTEN SIE UNS DA HIN-FÜHREN? WIR SUCHEN SCHON SEIT WOCHEN-OHNE ERFOLG!
AM NÄCHSTEN MORGEN...
ZU DUMM, DASS MAN DA OBEN MIT DEM LUFTMOBIL NICHT LANDEN KANN!
WIESO DENN? ICH FINDE SO EINEN SPAZIERGANG GANZ ROMANTISCH!

GEFÜHRT VON KIEKS UND BINGHAM KÄMPFT SICH DIE EXPEDITION DURCH DEN UNWEGSAMEN BERGDSCHUNGEL ...
DA OBEN WAR'S, ICH WEISS ES NOCH GENAU!
... BIS SIE SCHLIESSLICH AN EINEN ABHANG GELANGEN, DER FÜR DIE TRÄGER UND LAMAS UNÜBERWINDLICH IST.
AM BESTEN, IHR BLEIBT MIT DEM GEPÄCK HIER UND WARTET AUF UNS. WIR GEHEN ALLEIN WEITER. NUR ZWEI MANN BRAUCHE ICH, DIE UNS HELFEN...
KOMM, JACK, WIR MELDEN UNS! DAS IST DIE GELEGENHEIT, AN DAS GOLD HERANZUKOMMEN!
DAS ERSTE MAL, CARLOS, DASS ICH MICH ZU WAS FREIWILLIG MELDE, HA HA HA!
MACHT SCHON! WIR SIND HIER NICHT IM URLAUB!
HE, WAS SOLL DIE HEKTIK ?! DA OBEN WARTET SCHLIESSLICH NUR ARBEIT!
WENN DU WÜSSTEST, KLEINER...

ENDLICH, NACH MÜHSAMEM AUFSTIEG...
DA HINTEN IST ES. DA SIND DIE RUINEN!
PHAN-TASTISCH!!!
MACHU PICCHU! MEIN TRAUM IST IN ERFÜLLUNG GEGANGEN!
BALD DARAUF...
WÜSSTE MAL GERN, WAS AN DIESEN STEINHAUFEN SO TOLL SEIN SOLL!
DAS WIRST DU NIE BEGREIFEN, JUNGE!
EINE BRUNNENTREPPE! TRAUMHAFT!
EIN KORNMÖRSER! FABELHAFT!
IM DRECK RUMWÜHLEN! GRAUENHAFT!

NACH STUNDENLANGER ARBEIT :
JETZT REICHT'S MIR ABER! KANN MIR VIELLEICHT MAL EINER ERKLÄREN, WAS WIR HIER ÜBERHAUPT SUCHEN ?!
KLONG
NANU? WAS WAR DAS?
MENSCH, MAX! PASS DOCH AUF! JETZT HAST DU DIE SCHÖNE TONFIGUR ZERDEPPERT!
TONFIGUR ??
HER DAMIT! VIELLEICHT IST DA NOCH WAS DRIN!
SCHNÜRE ...
... NICHTS ALS WERTLOSE SCHNÜRE!
EINE NACHRICHT AUS DER VERGANGENHEIT!! ICH WÜRDE WAS DRUM GEBEN, WENN ICH SIE ENTZIFFERN KÖNNTE!
HÄ?
WAS?
WIE BITTE?
NUR SO VIEL WEISS MAN: DIE INKAS HABEN NIE EINE SCHRIFT GEHABT. ALLES, WAS WICHTIG WAR, HABEN SIE AUSWENDIG GELERNT UND MÜNDLICH WEITERERZÄHLT. ALS GEDÄCHTNISSTÜTZE MACHTEN SIE SICH KNOTEN IN DIESE SCHNÜRE ...
... MIT HILFE DIESER KNOTENSCHNÜRE WURDEN NACHRICHTEN UND EREIGNISSE AUS DER VERGANGENHEIT FESTGEHALTEN. ABER HEUTE KANN SIE NIEMAND MEHR DEUTEN.
DANN WERDEN WIR DAS GEHEIMNIS, DAS SIE BERGEN, WOHL NIE ERFAHREN ...
???
WIESO DENN? WIR BRAUCHEN DOCH BLOSS ZU DEN INKAS ZU FLIEGEN UND UNS VON JEMANDEM VORLESEN ZU LASSEN, WAS DRINSTEHT! LOS, RUNTER INS LAGER, WORAUF WARTET IHR NOCH!

GESAGT - GETAN! KIEKS, MAX UND LUZIE VERRATEN IHREM FREUND BINGHAM, WAS ES MIT IHREM LUFTMOBIL AUF SICH HAT. UND AM NÄCHSTEN MORGEN...
AM BESTEN, IHR FLIEGT GLEICH IN DIE INKAHAUPTSTADT CUZCO! VIEL GLÜCK!
HAUPT-SACHE, DIE BUDDELEI HAT EIN ENDE!
WENIG SPÄTER, BZW. 379 JAHRE FRÜHER, IM JAHRE 1532...
SO, DA WÄREN WIR!
HAUPTSTADT SEH' ICH HIER ABER KEINE!
OH, SEHT DOCH MAL, DA UNTEN LÄUFT EINER! DER HAT'S ABER EILIG!
HABT IHR GESEHN? DER HATTE GENAU SO EINE KNOTEN-SCHNUR WIE DIE, DIE WIR GEFUNDEN HABEN!
SCHEINT ALSO EIN BOTE ZU SEIN, DER EINE WICHTIGE NACH-RICHT ZU VERBREITEN HAT!
DA KOMMT SCHON DER NÄCHSTE!
DEN SCHNAPPEN WIR UNS!
KÖNNTET IHR UNS VIELLEICHT FREUNDLICHERWEISE VORLESEN, WAS HIER GESCHRIEBEN STEHT?

AUS DEM WEG! HAB' EINE WICHTIGE NACHRICHT VOM SAPA INKA!
?!
WAS MAG DAS FÜR EINE NACHRICHT SEIN, DASS DER SO 'NE HEKTIK DRUM MACHT?!
ER KAM AUS DER STADT DA HINTEN. DORT ERFAHREN WIR BESTIMMT MEHR!
...UND BALD DARAUF
MANN, WAS IST DENN HIER LOS?
EIN STAU - KEINE CHANCE, HIER DURCHZUKOMMEN!
LOS, KOMMT RAUF! HIER OBEN KÖNNEN WIR DEN STAU LOCKER ÜBERHOLEN!
UND SO GEHT ES ÜBER DIE DÄCHER DER INKASTADT...
... BIS PLÖTZLICH:
WOW!
MANN! DAS IST JA...
..TRAUMHAFT!

MACHT PLATZ!! PLATZ FÜR ATAHUALPA, DEN SAPA-INKA!
ATAHUALPA – DER BERÜHMTE KÖNIG DER INKAS!
... UND ÜBERALL GOLD!
OH NEIIIN ... DA! SEHT DOCH NUR!
WAS'N LOS, KIEKS?
DA DRÜBEN ... DA KOMMEN SPANIER! DAHER DER GANZE AUFMARSCH! DIE ANWESENHEIT DIESER GOLDGIERIGEN BESTIEN GARANTIERT FÜR MORD UND PLÜNDERUNG! WO SIND WIR DA NUR HINEINGERATEN!
KÖNIG DER INKAS! DIESER MANN HIER, PIZARRO, IST GEKOMMEN, UM IM NAMEN KARLS V., DES KÖNIGS VON SPANIEN, UND IM NAMEN DES PAPSTES, DES VERTRETERS DES EINZIG WAHREN GOTTES AUF ERDEN, DAS INKAREICH IN BESITZ ZU NEHMEN!
DIESER PAPST MUSS VERRÜCKT SEIN, WENN ER ÜBER DIE LÄNDER ANDERER VÖLKER VERFÜGT!
VERDAMMTER HEIDE! DICH WERD' ICH LEHREN ...
?!

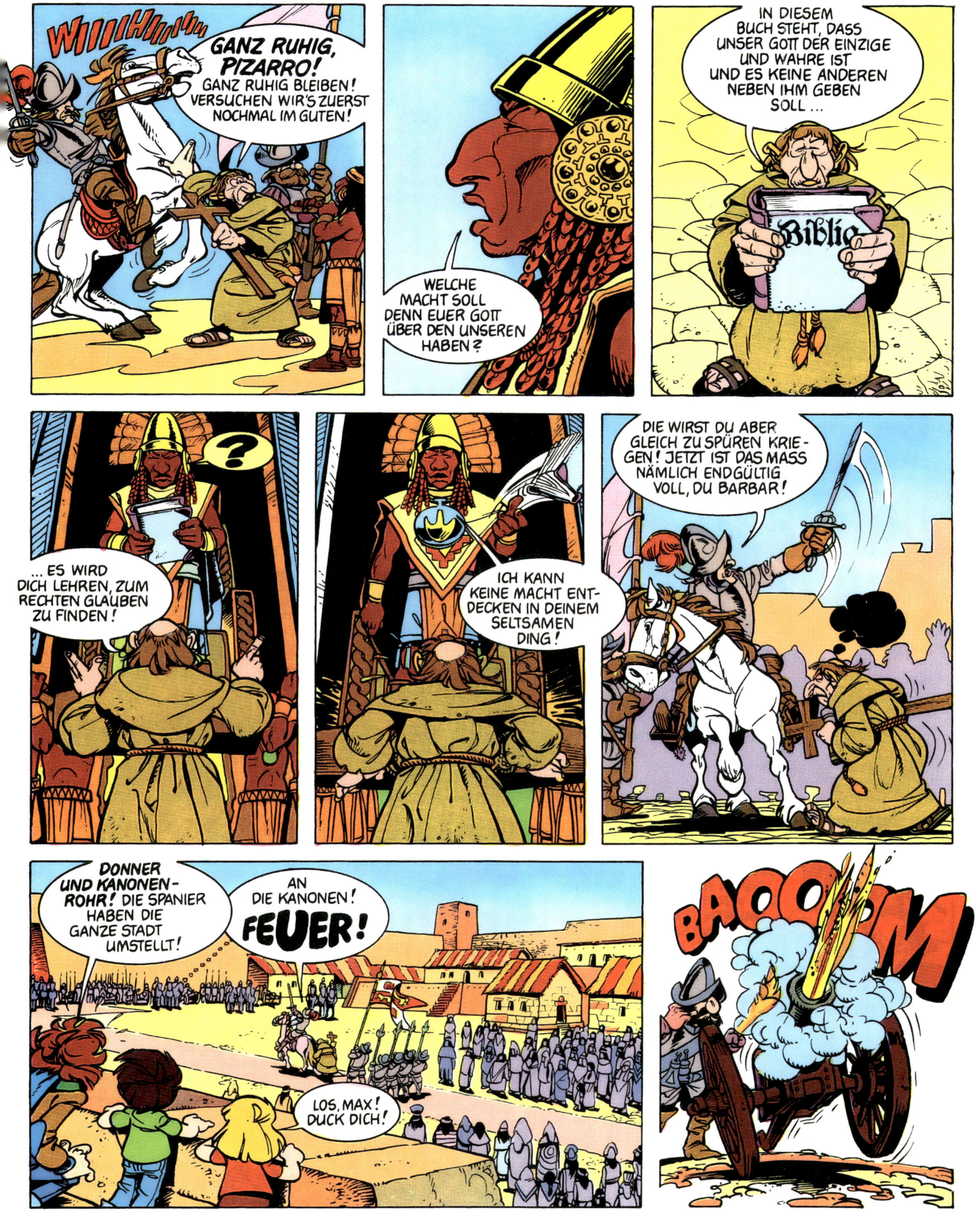
WIIIIHIIIII
GANZ RUHIG, PIZARRO! GANZ RUHIG BLEIBEN! VERSUCHEN WIR'S ZUERST NOCHMAL IM GUTEN!
WELCHE MACHT SOLL DENN EUER GOTT ÜBER DEN UNSEREN HABEN?
IN DIESEM BUCH STEHT, DASS UNSER GOTT DER EINZIGE UND WAHRE IST UND ES KEINE ANDEREN NEBEN IHM GEBEN SOLL ...
Biblia
... ES WIRD DICH LEHREN, ZUM RECHTEN GLAUBEN ZU FINDEN!
?
ICH KANN KEINE MACHT ENTDECKEN IN DEINEM SELTSAMEN DING!
DIE WIRST DU ABER GLEICH ZU SPÜREN KRIEGEN! JETZT IST DAS MASS NÄMLICH ENDGÜLTIG VOLL, DU BARBAR!
DONNER UND KANONENROHR! DIE SPANIER HABEN DIE GANZE STADT UMSTELLT!
AN DIE KANONEN! FEUER!
LOS, MAX! DUCK DICH!
BAOOOM

KRACH
FLIEHT! FLIEHT!
WUMM
WEG HIER!
DIESER GOTT IST MÄCHTIGER ALS UNSERER!
DIE SPANIER HABEN JETZT MIT DEN ENTSETZTEN INKAS LEICHTES SPIEL. SIE PLÜNDERN UND BRANDSCHATZEN RÜCKSICHTSLOS DIE GANZE STADT! AUCH KIEKS, MAX UND LUZIE WERDEN, TROTZ HELDENHAFTEN WIDERSTANDES...
DONG
JAUUUU
...WIE ATAHUALPA UND VIELE ANDERE INKAS VON DEN SPANIERN GEFANGEN UND IN KETTEN GELEGT.
DIE GEFANGENEN WERDEN IN EIN VERLIES GEWORFEN. BALD DARAUF ERSCHEINT PIZARRO:
JETZT WISST IHR, WIE UNSERE MACHT AUSSIEHT! UND WENN DIR DEIN LEBEN LIEB IST, RÜCKST DU DEIN LAND RAUS, ATAHUALPA! MIT ALLEM GOLD, DAS DARIN VERSTECKT IST!
DIESE SCHUFTE SIND ALSO NUR AUF DAS INKA-GOLD AUS!
WIR WERDEN ES UNS ÜBERLEGEN, SPANIER. KOMM MORGEN WIEDER!

DIE GANZE NACHT BERÄT SICH ATAHUALPA MIT SEINEN PRIESTERN UND ADLIGEN. UNSERE DREI FREUNDE BIETEN SICH DEM INKAKÖNIG ALS BOTEN AN, DA SIE JA MIT IHREM LUFTMOBIL SCHNELLER ALS JEDER LÄUFER SIND ...
AM NÄCHSTEN MORGEN
NUN, ATAHUALPA ?! ICH HOFFE FÜR DICH, DU HAST DIE RICHTIGE ENTSCHEIDUNG GETROFFEN!
DAS MEISTE GOLD IST IN DEN TEMPELN UND PALÄSTEN VON CUZCO, DER HAUPTSTADT MEINES REICHES!
WENN IHR ERLAUBT, WERDE ICH DIESE DREI UNTERTANEN ALS BOTEN DORTHIN ENTSENDEN, DAMIT MAN ES HIERHER SCHAFFT. ABER NUR, WENN IHR MICH AM LEBEN LASST!
HA HA, DAS HÖRT MAN GERNE! DU KANNST DEINE BOTEN SCHICKEN! ABER KEINE FAULEN TRICKS, FREUNDE! WENN DAS GOLD NICHT IN 14 TAGEN HIER EINTRIFFT, HAST DU DEIN LEBEN VERWIRKT, UND WIR MACHEN KLEINHOLZ AUS DEINEM REICH! ... SO WIE MIT DIESER STADT!
BALD DARAUF ...
LAUFT SO SCHNELL IHR KÖNNT NACH CUZCO. DORT BERICHTET IHR MEINEN PRIESTERN, WAS GESCHEHEN IST.
SIE SOLLEN SO VIEL GOLD WIE MÖGLICH HIERHERSCHAFFEN, AUF DEM SCHNELLSTEN WEGE!
CUZCO - DIE GOLDENE STADT!
ALLES AUS GOLD - SOGAR DIE VÖGEL!!

BEI DEN PRIESTERN IM TEMPEL DES SONNENGOTTES:
... ABER DAS TEMPELGOLD, DAS EUREM SONNENGOTT GEWEIHT IST, SOLLT IHR AM MACHU PICCHU VERSTECKEN. IN DER HÖHLE EINEN STEINSCHLEUDERWURF UNTERHALB DES HAUSES MIT DEN DREI FENSTERN...
... UND IHR SOLLT DAS TEMPELGOLD MIT EINEM FLUCH BELEGEN: JEDER WEISSE MANN, DER ES BERÜHRT, SOLL AUF DER STELLE DES TODES SEIN!
WENN IHR MICH FRAGT, WAR DAS GENAU DIE STORY, DIE IN UNSEREN SCHNÜREN ENTHALTEN IST!
ALSO IST UNSERE MISSION BEENDET!
DANN LASST UNS SCHNELL ZURÜCKFLIEGEN, DAMIT WIR BINGHAM ALLES ERZÄHLEN KÖNNEN. DER WIRD AUGEN MACHEN!
ZURÜCK IM JAHR 1911:
UND WIR WISSEN AUCH GENAU, WO DAS GOLD LIEGT!
ACH WISST IHR, ICH WILL ES GAR NICHT WISSEN. WENN DAS GOLD MIT EINEM FLUCH BELADEN IST, RÜHREN WIR ES BESSER NICHT AN. WER WEISS...
LASST UNS SCHLAFENGEHN. ICH BIN MÜDE, UND MORGEN IST AUCH NOCH EIN TAG! GÄÄÄHN!
DU SAGST ES! ALSO GUTE NACHT!
GUTE NACHT? SIEHT NICHT SO AUS! DENN KAUM SIND ALLE EINGESCHLAFEN...
KRATSCH
ZZZZZ
CHRRR

HMNNNNNN
CHRRRR ZZZZZZZ
HMMMPF..!
AM NÄCHSTEN MORGEN...
ENTWEDER IHR VERRATET UNS, WO DER GOLDSCHATZ LIEGT, ODER IHR SEHT DIE GÖRE NIE WIEDER! TREFFPUNKT: MORGEN MITTAG AM MACHU PICCHU. DEN WEG KENNT IHR JA ...
SHOCKING!
WAS SOLLEN WIR JETZT BLOSS TUN?!
ICH GLAUBE, DIE MEINEN ES ERNST! ES WIRD UNS WOHL NICHTS ÜBRIGBLEIBEN, ALS DAS VERSTECK ZU VERRATEN ...
AM NÄCHSTEN TAG: NACH ANSTRENGENDEM MARSCH ERREICHEN DIE BEIDEN MACHU PICCHU. ES IST 12 UHR MITTAGS.
MENSCH, KIEKS! SCHAU DOCH, WAS DIE MIT UNSERER LUZIE GEMACHT HABEN!
OH SCHRECK!
GOLD GEGEN GEISEL! UND WEHE, IHR LEGT UNS REIN!
ICH BLEIB' SOLANG HIER UND PASS' AUF DIE KLEINE AUF!
WIR MÜSSEN ZUM HAUS MIT DEN DREI FENSTERN RÜBER!
HALT AUS, LUZIE! WIR HOLEN DICH HIER RAUS!
WUWUW
WO DER STEIN HINFÄLLT, DA MUSS ES SEIN!

WENIG SPÄTER
NA BITTE! DER EINGANG ZU EINER HÖHLE!!
DEN STEIN HAB' ICH ABER NOCH NICHT GEFUNDEN! - MUSS WOHL AN MEINER BRILLE LIEGEN!
HE JACK! KOMM RUNTER UND BRING DIE KLEINE MIT! ...UND DIE FACKELN!
DIE GEISEL BEHALTEN WIR NOCH - BIS WIR DAS GOLD HABEN!
DIE HÖHLE FÜHRT TIEF IN DEN BERG ...
... BIS SIE SICH SCHLIESSLICH ERWEITERT
UND DANN, AM ENDE DES GANGES ...
DAS GOLD DER INKAS!
MACH SCHNELL, MAX! ICH KOMM' MIR SCHON VOR WIE 'NE ROULADE!

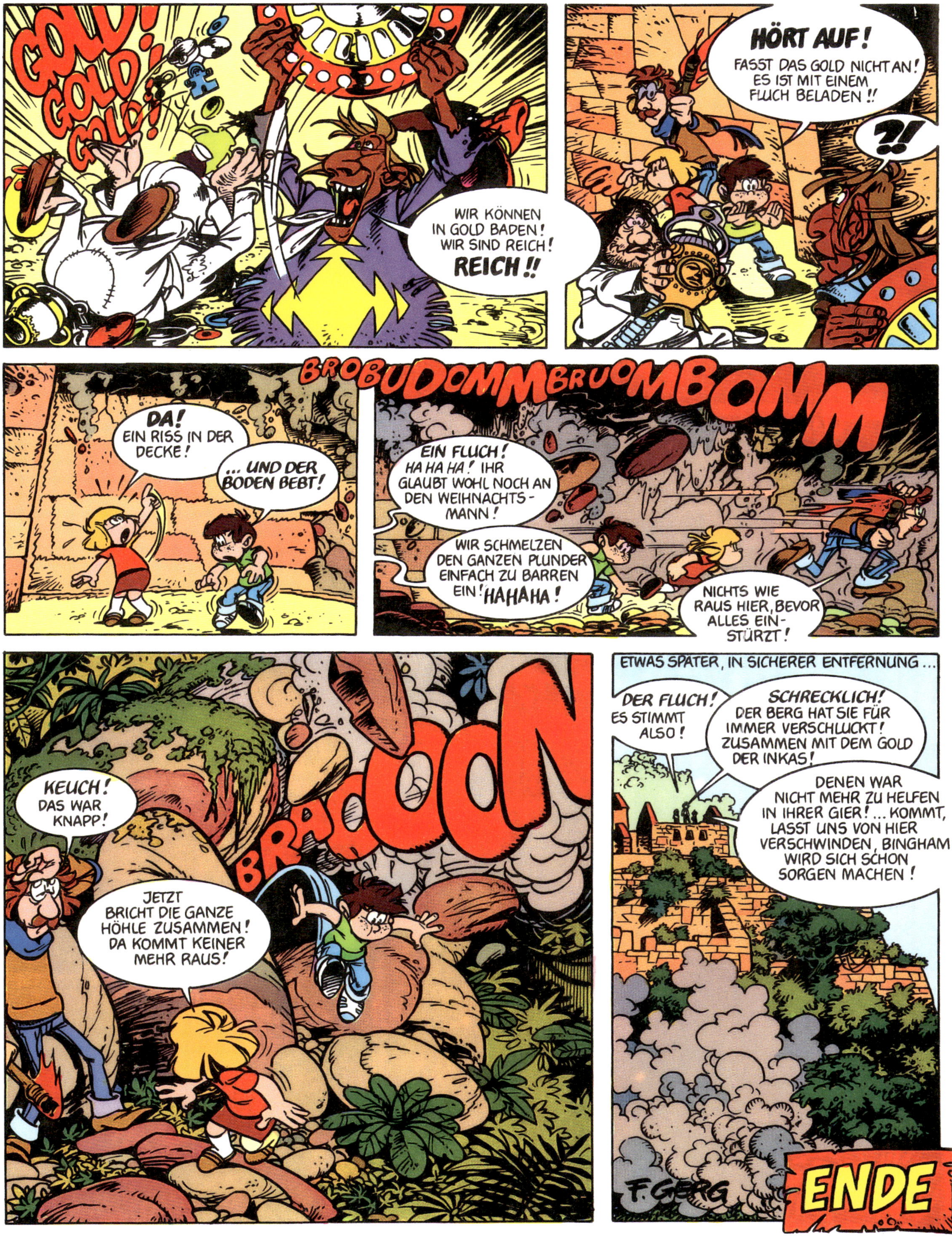
GOLD! GOLD! GOLD!
WIR KÖNNEN IN GOLD BADEN! WIR SIND REICH! REICH!!
HÖRT AUF! FASST DAS GOLD NICHT AN! ES IST MIT EINEM FLUCH BELADEN!!
?!
DA! EIN RISS IN DER DECKE!
... UND DER BODEN BEBT!
BROBUDOMMBRUOMBOMM
EIN FLUCH! HA HA HA! IHR GLAUBT WOHL NOCH AN DEN WEIHNACHTS-MANN!
WIR SCHMELZEN DEN GANZEN PLUNDER EINFACH ZU BARREN EIN! HAHAHA!
NICHTS WIE RAUS HIER, BEVOR ALLES EIN-STÜRZT!
KEUCH! DAS WAR KNAPP!
BRAOOON
JETZT BRICHT DIE GANZE HÖHLE ZUSAMMEN! DA KOMMT KEINER MEHR RAUS!
ETWAS SPÄTER, IN SICHERER ENTFERNUNG ...
DER FLUCH! ES STIMMT ALSO!
SCHRECKLICH! DER BERG HAT SIE FÜR IMMER VERSCHLUCKT! ZUSAMMEN MIT DEM GOLD DER INKAS!
DENEN WAR NICHT MEHR ZU HELFEN IN IHRER GIER! ... KOMMT, LASST UNS VON HIER VERSCHWINDEN, BINGHAM WIRD SICH SCHON SORGEN MACHEN!
F. GERG
ENDE

SO LEBTEN DIE INKA

Das Inkareich stellt sich vor

Die Inka waren ein südamerikanischer Indianerstamm. Sie begannen vor etwa 800 Jahren, im Bergland von Peru Städte zu bauen. Mit der Zeit erlangten sie die Herrschaft über Nachbarstämme, die weniger fortschrittlich waren. Vor gut 500 Jahren reichte das Inkareich dann vom Süden Kolumbiens bis in den Süden von Chile. Am besten schaust du dir im Atlas an, wie riesig das ist.

Cusco, die Hauptstadt der Inka, heute

Dass die Inka ein so großes Reich beherrschen konnten, ist umso erstaunlicher, wenn man weiß, dass fast das ganze Reich in einem hohen Gebirge lag. Dieses Gebirge heißt Anden. Es ist 7500 Kilometer lang und damit das längste Gebirge der Welt.

Der König der Inka

An der Spitze der Inka-Gesellschaft stand der König, der sogenannte Sapa Inka (Einziger Inka). Er wurde als Sohn der Götter verehrt. Gewöhnliche Menschen durften sich ihm nur barfuß und gebückt nähern und ihn nicht direkt anschauen. Er wohnte in Cusco, der Hauptstadt des Inkareiches und herrschte von dort aus.

Aber er war auch oft auf Reisen. Dabei wurde er in einer Sänfte getragen. Eine Sänfte kannst du dir wie einen großen bequemen, kastenförmigen Sitz vorstellen, der auf Stangen getragen wird. Räder und damit Wagen oder Kutschen kannten die Inka nicht.

In Sänften konnten die Menschen früher bequem reisen.

Technik und Handwerk

Das verwundert, denn ansonsten waren die Inka ganz hervorragende Handwerker und Ingenieure, also Baumeister. So errichteten sie viele Tausend Kilometer gepflasterte Straßen, Tunnel und Brücken quer durch die Berge. Diese Wege waren besser als die, die es zur gleichen Zeit in Europa gab.

Die Inka waren auch gute Mathematiker und Ärzte und konnten sehr kunstvolle Sachen aus Gold herstellen, das sie im Überfluss besaßen.

Goldenes Ritualmesser der Inka

Schon gewusst?
Das wichtigste Nahrungsmittel der Inka waren Kartoffeln. Sie bauten Tausende von verschiedenen Sorten an. Die Spanier brachten die Kartoffeln dann nach Europa.

Die Gesellschaft der Inka

Nur die Söhne der Adeligen erhielten eine gute Ausbildung. Sie konnten dann hochrangige Beamte werden, die über die neu eroberten Völker herrschten. Die meisten anderen Menschen waren einfache Arbeiter und Bauern. Jeder von ihnen war verpflichtet, einen Teil seiner Zeit für den Staat zu arbeiten und etwa bei großen Bauprojekten zu helfen. In dieser Zeit wurden sie vom König mit Nahrung und Kleidung versorgt. Als Gegenleistung mussten die Menschen keine Steuern an den Staat zahlen.

Das Ende der Inka

Wie es mit den Inka zu Ende ging, das hast du im Comic schon erfahren: Spanische Eroberer unter der Leitung von Francisco Pizarro (um 1476–1541) nahmen den Sapa Inka Atahualpa (um 1500–1533) gefangen. Er versuchte, sich mit einer riesigen Menge Gold freizukaufen. Sie wäre heute mindestens 25 Millionen Euro wert.

Der spanische Eroberer Francisco Pizarro

Trotzdem brachten die Spanier ihn um und zerstörten das Inkareich. Nur die Stadt Machu Picchu wurde nicht zerstört, weil sie versteckt in den Bergen lag. Sie wurde tatsächlich erst 1911 von dem amerikanischen Forscher Hiram Bingham (1875–1956) freigelegt. Aber einen Schatz fand er dort nicht!

Die Ruinen von Machu Picchu

Max & Luzie
Bei den Azteken

So fing die Geschichte an...
KIEKS, SEINES ZEICHENS ERFINDER ...
HALLO, KOMMT REIN, IHR ZWEI!
PATENT
ALBERT
LÄDT SEINE FREUNDE MAX UND LUZIE EIN, ...
STARK!
SEINE NEUESTE KONSTRUKTION ZU TESTEN: EIN LUFTFAHRRAD NACH TANDEM-ART MIT EINGEBAUTEM GEHEIMNIS.
SCHNELLER TRETEN, SONST KOMMEN WIR NICHT WEIT GENUG ZURÜCK!
??
HÄ?
ERST IN DER LUFT VERRÄT KIEKS, WAS ER VORHAT:
DAS DING HAT EINE ZEIT-SUPER-AUTOMATIK! JEDER TRITT IN DIE PEDALE FÜHRT DIE PASSAGIERE WEIT IN DIE VERGANGENHEIT ZURÜCK!
MAX UND LUZIE SIND BEGEISTERT...
HURRA!! AUF IN DIE WELTGESCHICHTE! MAL SEHEN, WO WIR LANDEN!
FRANZ GERG

IM JAHRE 1502, IRGENDWO IN MITTELAMERIKA ...
OB KIEKS NOCH JEMALS VON SEINER SCHMETTERLINGSJAGD ZURÜCKKOMMT ?
WENN DER SICH MAL IN WAS VERBEISST, IST ER JA NICHT MEHR ZU BREMSEN ...
EIN MORPHOFALTER, NICHT ZU GLAUBEN !
HE, JETZT IST ER GELANDET !
SOOO... GANZ RUHIG, MEIN KLEINER !
HAB' ICH DICH !
PATSCH

FAUCH
WAS TRÖDELT DER DENN WIEDER SO LANGE RUM...?!
GROAAAAA
HILFÄÄÄÄÄÄ
HÖRT SICH ABER NICHT NACH TRÖDELN AN!
HUAAAAAAAAAAAAA
BOM

UFF! DAS WAR KNAPP! ABER WER HAT...
WÜRG!
PSSST... LEISE, MEIN FREUND, SONST WACHT 'WÜRG' AUF...
W-WIE BITTE?
WAAAAAAAH
NUR WENIGE MINUTEN SPÄTER...
DA IST ER JA!
HE, IHR! WAS HABT IHR MIT UNSEREM KIEKS GEMACHT!?

KIEKS? IST DAS EUER FREUND HIER?
ER SCHEINT IN OHNMACHT GEFALLEN ZU SEIN – WARUM, WISSEN WIR NICHT.
SICHER HAT ER ZU LANGE NICHTS GEGESSEN. SCHAUT IHN DOCH AN, DEN MAGEREN KERL.
WIR NEHMEN IHN AM BESTEN MIT NACH HAUSE.
...DEN PÄPPELN WIR SCHON WIEDER AUF!
HE – MOMENT MAL! WIR KOMMEN NATÜRLICH MIT!
LOGO! WIR KÖNNEN KIEKS DOCH NICHT ALLEIN LASSEN – ICH HOL' NUR SCHNELL DAS LUFTMOBIL!
WENIG SPÄTER, AM RANDE DES DSCHUNGELS...
WOW! IHR SEID ALSO DIE JAGUARGARDE DES AZTEKENHERRSCHERS AHUITZOTL?!
DANN IST DAS DA UNTEN AUF DEM SEE TENOCHTITLAN, DIE PRÄCHTIGE HAUPTSTADT DES AZTEKENREICHES?
DU SAGST ES!

NACH EINEM LANGEN FUSSMARSCH HINUNTER ZUM SEEUFER ...
MENSCH, IST JA AFFEN-SCHARF, DAS ALLES HIER!
APROPOS AFFEN! UNSER GROSSER TIERFREUND WACHT GERADE WIEDER AUF!
ÄCHZ... WO BIN ICH?
BAHN FREI!
?
?
?!
BAHN FREI FÜR DEN GROSSEN HIDIOTL!
??

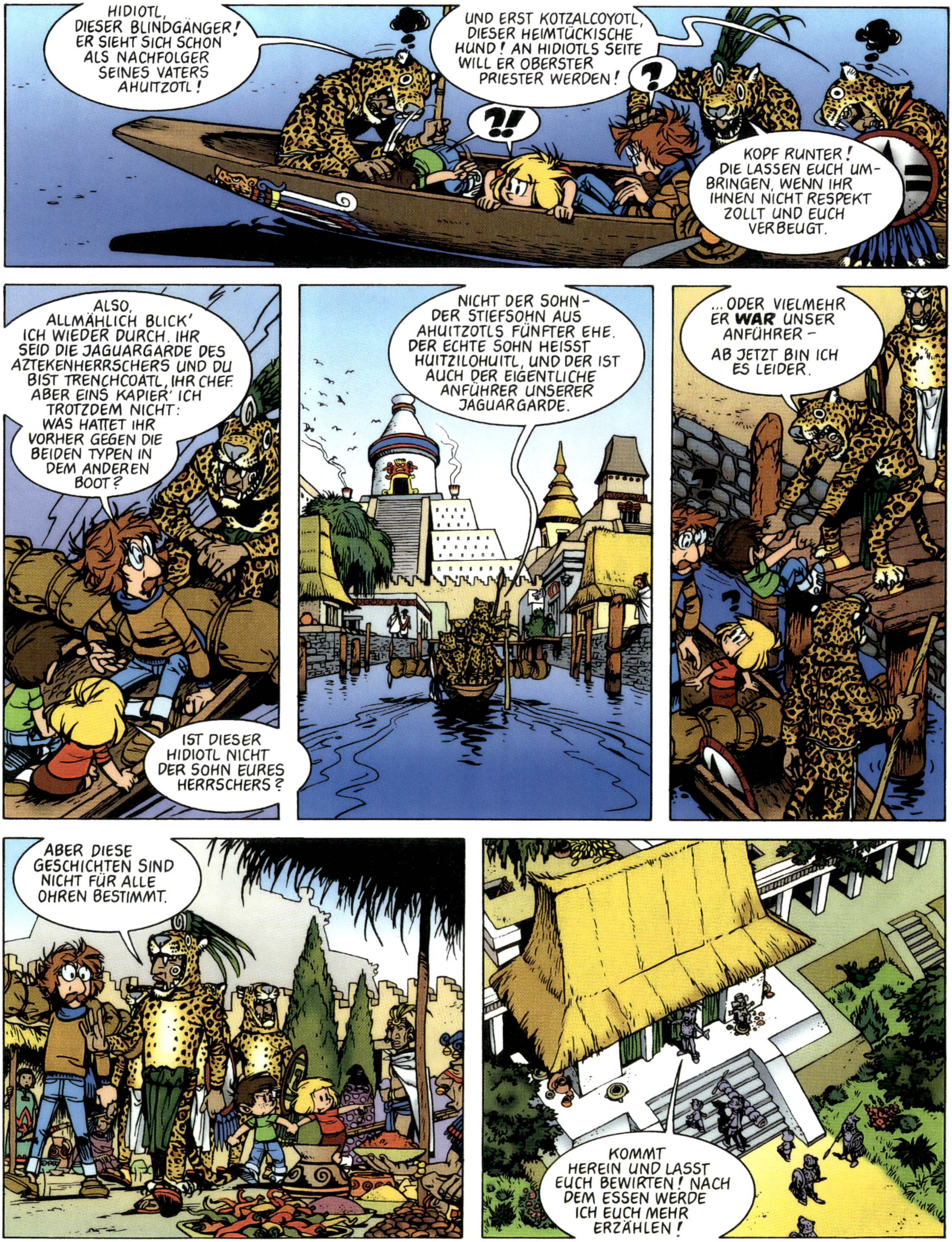
HIDIOTL, DIESER BLINDGÄNGER! ER SIEHT SICH SCHON ALS NACHFOLGER SEINES VATERS AHUITZOTL!
UND ERST KOTZALCOYOTL, DIESER HEIMTÜCKISCHE HUND! AN HIDIOTLS SEITE WILL ER OBERSTER PRIESTER WERDEN!
?!
?
KOPF RUNTER! DIE LASSEN EUCH UMBRINGEN, WENN IHR IHNEN NICHT RESPEKT ZOLLT UND EUCH VERBEUGT.
ALSO, ALLMÄHLICH BLICK' ICH WIEDER DURCH. IHR SEID DIE JAGUARGARDE DES AZTEKENHERRSCHERS UND DU BIST TRENCHCOATL, IHR CHEF. ABER EINS KAPIER' ICH TROTZDEM NICHT: WAS HATTET IHR VORHER GEGEN DIE BEIDEN TYPEN IN DEM ANDEREN BOOT?
IST DIESER HIDIOTL NICHT DER SOHN EURES HERRSCHERS?
NICHT DER SOHN – DER STIEFSOHN AUS AHUITZOTLS FÜNFTER EHE. DER ECHTE SOHN HEISST HUITZILOHUITL, UND DER IST AUCH DER EIGENTLICHE ANFÜHRER UNSERER JAGUARGARDE.
...ODER VIELMEHR ER WAR UNSER ANFÜHRER –
AB JETZT BIN ICH ES LEIDER.
ABER DIESE GESCHICHTEN SIND NICHT FÜR ALLE OHREN BESTIMMT.
KOMMT HEREIN UND LASST EUCH BEWIRTEN! NACH DEM ESSEN WERDE ICH EUCH MEHR ERZÄHLEN!

*HAUPTGOTT DER AZTEKEN

... HUITZILOHUITL, AN DESSEN MUT UND STÄRKE NIEMAND ZWEIFELN KANN, ...
... ODER HIDIOTL, VON DEM SEINE MUTTER BEHAUPTET, ER SEI AUCH MEIN SOHN.
WENN DIE SONNE ZUM DRITTEN MAL AM HÖCHSTEN STEHT, WERDE ICH EUCH MEINE ENTSCHEIDUNG AUF DEM OPFERPLATZ VOR DEM TEMPELEINGANG BEKANNTGEBEN.
ICH WERDE IN GEDULD UND DEMUT AUF DIE ENTSCHEIDUNG DER GÖTTER WARTEN.
DIE ENTSCHEIDUNG DER GÖTTER WIRD SICHER DEN RICHTIGEN TREFFEN.
NICHT WAHR, KOTZALCOYOTL!
UND GLEICH AM NÄCHSTEN MORGEN WAR HUITZILOHUITL VERSCHWUNDEN, UND MIT IHM DER WERTVOLLSTE TEIL DES SCHATZES DER AZTEKEN. HIDIOTL BEHAUPTET NUN, SEIN BRUDER HABE DEN TAG DER ENTSCHEIDUNG GEFÜRCHTET UND SEI MIT DEM SCHATZ GEFLOHEN.
ABER KEINER HIER GLAUBT IHM DAS.
BESTIMMT HAT HIDIOTL SEINEN BRUDER GETÖTET UND DEN SCHATZ GERAUBT, UM HUITZILOHUITLS EHRE ZU RUINIEREN!
GANZ RICHTIG! ER HAT DEN SCHATZ SELBST GERAUBT UND IM TEMPEL DES GOTTES HUITZILO-POCHTLI VERSTECKT, UND KOTZALCOYOTL, DER PRIESTER IN DEM TEMPEL IST, HAT IHM NATÜRLICH DABEI GEHOLFEN!

UND WIR SITZEN HIER HERUM UND KÖNNEN NICHTS TUN, UM DIE EHRE UNSERES TOTEN ANFÜHRERS WIEDER HERZUSTELLEN. KOTZALCOYOTLS WÄCHTER SORGEN DAFÜR, DASS NUR ER SELBST UND HIDIOTL ZUM TEMPEL HINAUFKOMMEN.
WENN ICH DARAN DENKE-SCHON MORGEN MITTAG WIRD DIESER SCHUFT HIDIOTL ZUM HERRSCHER ERNANNT WERDEN.
IMMER LANGSAM! IHR HABT MIR DAS LEBEN GERETTET UND DESHALB WERDEN WIR JETZT GEMEINSAM DIE EHRE EURES ANFÜHRERS RETTEN. UND DARAN KÖNNEN UNS ALLE COATLS UND HUITLS EURES REICHES NICHT HINDERN!
JA SPINNST DU JETZT VÖLLIG, KIEKS? WIE SOLL DAS DENN GEHEN?
DAS STELLST DU DIR ALLES SO EINFACH VOR. ABER WIE SOLL MAN DENN DIE WACHEN ABLENKEN? UND DIE 'PAAR' STUFEN SIND IN WIRKLICH-KEIT...
GANZ EINFACH! EINER MÜSSTE EBEN DIE WACHEN ABLENKEN UND DIE ANDEREN GEHEN DANN EBEN DIE PAAR STUFEN ZUM TEMPEL RAUF. UND WENN WIR DEN SCHATZ DORT FINDEN, IST HUITZILOHUITLS UNSCHULD ERWIESEN. UND ALLE WISSEN, WER DER WIRKLICH SCHULDIGE IST!
MOMENT! DIE ABLENKUNG ZUM BEISPIEL KÖNNTE DOCH ICH ÜBERNEHMEN, WENN MIR EIN PAAR VON EUCH HELFEN, IHR UNS REICHLICH FEDERN BESORGT UND UNS EUER HAUSDACH ZUR VERFÜGUNG STELLT...
KLINGT JA VÖLLIG VERRÜCKT!
ANDERER-SEITS, WAS HABEN WIR SCHON ZU VERLIEREN?
UND GLEICH DARAUF...
ALSO SPINN' ICH JETZT ODER SPINNEN DIE ALLE ?!?
NACH EINER LANGEN NACHT, IN DER VIEL GEPLANT, GEREDET UND VORBEREITET WURDE...

VORSICHT, DA VORN BEGINNT DER TEMPELBEZIRK. DORT STEHEN DANN AUCH DIE GANZEN WACHEN.
EIGENTLICH MÜSSTEN LUZIE UND DIE ANDEREN JETZT BALD MIT IHREN VORBEREITUNGEN FERTIG SEIN ...
ICH HAB'S GAR NICHT SO EILIG!
HEUTE MITTAG IST JA MORDS WAS LOS! DA WIRD DER NEUE HERRSCHER GEKRÖNT!
MITTAG, JA – ABER NATÜRLICH HABEN WIR WIEDER DIE LANGWEILIGE NACHTSCHICHT ERWISCHT!
KEINE KÄMPFE, KEINE OPFERUNGEN. EINFACH TOTER LENDENSCHURZ!
WAS ERWARTEST DU DENN? SOLL HUITZILOPOCHTLI PERSÖNLICH ZUR FEIER DES TAGES VOM HIMMEL HERABGEFLOGEN KOMMEN?
HUI-UIUI-UI...
... TZILOPOCHTLI. SEIT WANN STOTTERST DU EIGENTLICH!?
D-DA OBEN! SEHT DOCH!
PUUUUH- WENN DAS NUR FUNKTIONIERT!
DA SCHAU, ES FUNKTIONIERT!

ICH WÜRD'SAGEN, FUNKTIONIERT FAST **ZU** GUT!
JETZT ABER LOS!
JETZT KOMM SCHON, TRENCHCOATL! WIR HABEN ES DIR DOCH SCHON HUNDERT MAL ERKLÄRT: ES IST NUR LUZIE MIT DEM SELBST GEBAUTEN VOGEL!
!?
WÄHREND DER 'GÖTTERVOGEL' AM HIMMEL NOCH SEINE RUNDEN DREHT...
UND JETZT ZUR TREPPE, SO SCHNELL WIR KÖNNEN!
SCHHHHHHHHHHHHHHHHH
WAAAAS!? **DAS** IST DIE TREEE...
WOLLT ICH EUCH IMMER SCHON SAGEN – ICH HOFFE, IHR HABT EINE GUTE KONDITION!
KEUCH
HECHEL
RÖCHEL
ICH **KANN** NICHT MEHR! ICH LAUF JETZT EINFACH NICHT MEHR WEITER! SOLLEN SIE MICH DOCH GEFANGEN NEHMEN...
WIE DU WILLST! ABER WENN DIE DICH KRIEGEN, WIRST DU EH DA OBEN GEOPFERT! RAUF MUSST DU ALSO IN JEDEM FALL!

SCHLIESSLICH IST MIT LETZTER KRAFT DIE OBERSTE PLATTFORM ERREICHT…
SO BEEILT EUCH DOCH! DIE WÄCHTER KOMMEN ZURÜCK! SIE DÜRFEN UNS HIER NICHT SEHEN!
KEUCH
RÖCHEL
PRUST
JETZT KOMM SCHON, KIEKS!
!!
ÄH-TRENCHCOATL… B-BIST DU HIER IRGENDWO..?
HELFT MIR SUCHEN! WIR MÜSSEN ALLES HIER DRIN AUF DEN KOPF STELLEN!
KLACK

NORMALERWEISE SIND HIER BLOSS DIE SCHÄDEL DER LETZTEN OPFER DRIN, ABER WIR MÜSSEN TROTZDEM ALLES DURCHSUCHEN!
IRGENDWO MUSS DER SCHATZ JA VERSTECKT SEIN!
D-D-DU HAST GESAGT, ES HANDELT SICH UM EINEN GOLDENEN SCHILD MIT EINEM ADLER UND EINER SCHLANGE DRAUF..?
KRRA
HÖRT! WAS IST DAS?!
VERSTECKT EUCH IRGENDWO! SCHNELL!
KRI
KNIRSCH
O GROSSER HIDIOTL! EUER VATER WIRD SCHON AUF EUCH WARTEN. ER WIRD EUCH IN BÄLDE ZUM HERRSCHER DER AZTEKEN ERNENNEN!
HAST DU GEHÖRT? MICH UND NICHT DICH, DU BILLIGER JAGUARVERSCHNITT!
WAS WÄRE PAPI DOCH TRAURIG, WENN ER WÜSSTE, DASS DU JETZT FÜR IMMER UNTER DEM ALTAR BEGRABEN WIRST!
KLICK
BL BL BL BL BL

KOMM SCHON, KOTZALCOYOTL, BEREITEN WIR UNS AUF DIE ZEREMONIE VOR!
WENN ICH ERST OBERSTER PRIESTER IN DIESER STADT BIN, DANN WIRD HIER MAL RICHTIG AUFGERÄUMT...
UND EIN PAAR STATUEN SCHMEISS' ICH AUCH RAUS!
GLEICH NACHDEM DIE BEIDEN VERSCHWUNDEN SIND...
DA KANN NUR EINER UNTEN SEIN! HUITZILOHUITL! ER LEBT!
KLICK
WARTEN WIR NOCH HIER UNTEN, BIS OBEN DIE KRÖNUNGS-ZEREMONIE BEGINNT. DANN WERDEN WIR HIDIOTL EINE ÜBERRASCHUNG BEREITEN!
EINE MINUTE SPÄTER...
O MEIN HERR! HEUTE IST DER SCHÖNSTE TAG IN MEINEM LEBEN! WIR HABEN EUCH WIEDER!
UND ICH HABE MICH HIER SCHON FÜR IMMER BEGRABEN UND HIDIOTL ALS NEUEN HERRSCHER DER AZTEKEN GESEHEN.
ABER DIE GÖTTER WOLLEN ES ANDERS!
UM DIE MITTAGSSTUNDE, AUF DER OBERSTEN PLATTFORM DER GROSSEN PYRAMIDE...
DAS GANZE VOLK IST ERSCHIENEN, UM SEINEN NEUEN HERRSCHER ZU SEHEN.
UND NACHDEM MEIN BRUDER ES VORGEZOGEN HAT, SICH MIT DEM HEILIGEN SCHILD ZU VERDRÜCKEN, GEHT DIE EHRE WOHL AN MICH!

DAS VOLK HÄTTE SICH WAHRSCHEINLICH EINEN ANDEREN GEWÜNSCHT ... SEUFZ !
... UND DIE GÖTTER WERDEN IHM DIESEN WUNSCH ERFÜLLEN !
?
DU HIER !?!
WIE TIEF MÜSSEN WIR DICH NOCH EINGRABEN, DAMIT WIR DICH KOJOTEN ENDLICH LOS SIND !?
HALT DOCH DEINEN MUND, DU SCHWATZKOPF, DU VERRÄTST JA ALLES !
LASS MICH LOS, DU WABBELNDE KRÖTE !
WIE KONNTE ICH MICH BLOSS MIT SO EINEM SCHWACHKOPF EINLASSEN ?!
HE ?!
ZISCH

MAMA...
...MIATL!
AAAAAAAAAAAAHHHHH
CRASH
DA GEHT'S ZUR SACHE!
DIE ZEICHEN DER GÖTTER SIND DEUTLICH! ICH BIN GLÜCKLICH, MEIN SOHN!
HUITZILOHUITL IST DER NEUE HERRSCHER DER AZTEKEN!!
HURRRATL
UND JETZT WIRD GEFEIERT!
ABER HALLOTL!
ES LEBE HUITZILOHUITL
BRAVOTL
JUHUUATL
F. GERG

SO LEBTEN DIE AZTEKEN

Das Aztekenreich stellt sich vor

Die Azteken waren ein Indianervolk, das vor über 500 Jahren im heutigen Mexiko lebte. Vor den Azteken wohnten dort andere Völker wie die Olmeken, die Maya oder die Tolteken. Auch sie bauten schon ähnliche Tempelpyramiden, zu denen ganz lange, steile Treppen hinaufführten. Ab dem 14. Jahrhundert waren aber die Azteken das mächtigste Volk in der Gegend.

Ruinen von Tenochtitlan in Mexico City

Die Hauptstadt der Azteken

Die Azteken lebten nicht in Zelten wie die nordamerikanischen Indianer, sondern in Städten. Ihre Hauptstadt trug den komplizierten Namen Tenochtitlan. Das bedeutet vermutlich „wo die Kaktusfeigen zwischen den Steinen wachsen". Aber genau weiß man das nicht. Die Stadt lag auf einer Insel in einem flachen See. Mit dem Ufer war sie über Dämme verbunden. Dieser See ist seit Langem ausgetrocknet und verschwunden. An seiner Stelle befindet sich heute Mexico City, die Hauptstadt von Mexiko.

So könnte der Tempel von Tenochtitlan ausgesehen haben.

Die Religion der Azteken

Der Hauptgott der Azteken hieß Huitzilopochtli. Das heißt übersetzt: „Kolibri des Südens". Bestimmt weißt du, dass ein Kolibri ein sehr kleiner, bunter Vogel ist, der nur in Amerika vorkommt. Die Azteken stellten sich Huitzilopochtli aber nicht als kleinen, harmlosen Vogel vor, sondern als Furcht einflößenden, mit Federn geschmückten Krieger.

In seinem Tempel wurden Kriegsgefangene als Menschenopfer getötet. Das ist natürlich ein schrecklicher Brauch. Aber wahrscheinlich wurden die Opfer wenigstens betäubt, bevor man sie umbrachte.

Die Gesellschaft der Azteken

Obwohl es im Comic so kriegerisch zugeht, waren die meisten Azteken friedliche Bauern. Sie bewirtschafteten das Land, das dem Adel gehörte. Diese Adeligen wohnten in Palästen, die in Mexiko allerdings ganz anders aussahen als in Europa. Ihre Söhne bekamen eine strenge militärische Ausbildung.

Die besten Krieger wurden in Gesellschaften wie die Jaguargarde oder bei den Adlerkriegern aufgenommen. Daneben musste ein junger Adeliger aber auch in die Tempelschule gehen und religiöse Bräuche lernen. So konnte er auch ein hoher Beamter oder mächtiger Priester werden.

Jaguarkrieger

Das Ende der Azteken

Im Jahr 1502, in dem die Geschichte von Max und Luzie spielt, war die Welt der Azteken noch in Ordnung. Nur 17 Jahre später kamen spanische Eroberer unter Führung von Hernán Cortés (1485–1547) nach Mexiko und zerstörten das Aztekenreich so, dass nichts davon übrig blieb.

Portät von Hernán Cortés

Schon gewusst?

Weißt du, was „Montezumas Rache" ist? So nennt man scherzhaft einen ekligen Durchfall, den Europäer oft in fremden Ländern wie Mexiko bekommen, wenn sie ungewaschenes Obst essen. Montezuma II. (um 1465-1520) war der letzte Aztekenherrscher, den Cortés umbringen ließ.

Bildnis von Montezuma II.

QUIZ

1. Wer war der höchste Gott der alten Griechen?
a) Odin
b) Marduk
c) Zeus

2. Bei welchem Volk waren Kartoffeln das Hauptnahrungsmittel?
a) Germanen
b) Inka
c) Azteken

3. Montezuma war König der ...
a) Azteken
b) Ägypter
c) Babylonier

4. War Germanien Teil des Römischen Reiches?
a) Nur zu einem kleinen Teil
b) Nein
c) Ja

5. Wer baute die Pyramiden?
a) Griechische Architekten
b) Ägyptische Bauern, die sich etwas dazuverdienen wollten
c) Römische Ingenieure

6. Wo gab es die erste Demokratie (Volksherrschaft) der Welt?
a) Bei den Ägyptern
b) Bei den Germanen
c) Bei den Griechen

7. Welche Stadt war für ihre Thermen (Luxusbäder) berühmt?
a) Babylon
b) Athen
c) Rom

8. Die Azteken bauten für ihre Götter Tempelpyramiden mit steilen Stufen. Welches Volk noch?
a) Römer
b) Babylonier
c) Ägypter

9. Zu welchem Volk reisen Max und Luzie am weitesten in die Vergangenheit zurück?
a) Inka
b) Ägypter
c) Griechen

10. Welches der Völker, die Max und Luzie besuchen, lebte in Afrika?
a) Ägypter
b) Germanen
c) Azteken

Antworten:

1 c) 2 b)
3 a) 4 a)
5 b) 6 c)
7 c) 8 b)
9 b) 10 a)